MW01223825

*Après ... ... our
dans ... ... nt
coméd... ... ...
1972 marque pour elle une double entrée... ... ... re,
puisqu'elle publie, le même jour, deux livres très différents :
L'Eté de la Saint-Valentin et Les Gens de Misar. Ce dernier est
couronné par le Prix des Quatre-Jurys.
Depuis, Nicole Avril a publié de nombreux romans qui, tous, ont
obtenu un très grand succès auprès des lecteurs et des critiques :
Le Jardin des absents (1977), Monsieur de Lyon (1979), La Dis-
grâce (1981), Jeanne (1984), La Première Alliance (1986) et Sur la
peau du Diable (1988).*

Il y a le soleil, la mer, les maisons aux ocres juteuses, les musiques et les danses. Ce pourrait être un village de vacances. Il
s'en faudrait de très peu...
Et c'est là, au bout du monde, que Joden se réveille un matin.
Que lui est-il arrivé ? Est-il fou ? malade ? et qui hurle à voix
basse au fond du jardin ? Sans rivage et sans mémoire, Joden se
débat dans l'angle mort de sa vie.
Alors, survient Agna qu'il n'a jamais cessé d'aimer. Elle est
désormais son seul lien avec le passé, mais, changée et meurtrie
par les épreuves, acceptera-t-elle de se sauver avec lui ?
Autour d'eux, des hommes et des femmes jouent à s'aimer et
s'inventent un passé glorieux sous le regard impassible des gardiens. La parade sociale, dérisoire et nostalgique, ne sert qu'à
masquer la vacance des esprits et des cœurs. Pour quelle faute
tous ces hommes doivent-ils subir un éternel été de paresse et
d'oubli ?
Ainsi qu'une enquête policière, le récit progresse avec une logi-
que implacable de découverte en découverte au rythme de
Joden, de ses expériences et de ses tentatives d'évasion. Ce climat à la fois tragique et sensuel provoque un étrange malaise.
Sont-elles vraiment si rares ou si lointaines, ces prisons du plaisir, de l'irresponsabilité ou de l'oubli ? Et, certains matins, ne
nous réveillons-nous pas comme exilés de nous-mêmes ?

ŒUVRE DE NICOLE AVRIL

Dans Le Livre de Poche :

LES GENS DE MISAR.

NICOLE AVRIL

Le Jardin des absents

ROMAN

ALBIN MICHEL

A mes parents

I

LA CHAMBRE DE L'INTÉRIEUR

IL s'éveille et c'est comme s'il achevait un très long voyage. Il lui semble avoir parcouru des espaces mornes où jamais personne ne lui faisait signe. Il ne revient pas d'une de ces aventures que l'on entreprend le bâton à la main et le perroquet sur l'épaule. Non, il sent dans son corps que la route fut grise et sans jalons.

Il s'appelle Joden et il a l'âge de tout le monde, cet entre trente et quarante ans où l'on navigue à l'estime au milieu du fleuve, la première rive évanouie et la berge d'en face pas encore en vue. Il est nu et son corps démesuré occupe la diagonale du lit. De temps à autre, il porte la main à sa tempe et il se plaint doucement. Puis sa main retombe le long de son corps, ses poumons se vident. Il repose immobile, tout entier livré à la triple illusion de la vie, de la mort et du temps.

Quand enfin ses paupières s'ouvrent, Joden sursaute. Il se dresse sur son lit et ses lèvres se crispent pour retenir un cri, un appel. Il est seul.

Son regard glisse sur les murs, sur les objets, et ne s'arrête nulle part, ni sur la chaise, ni sur la table, ni sur le crépi du mur. Aucune forme, aucune couleur ne

9

le retient. Alors Joden se découvre nu et s'en effraie bien plus que de l'étrangeté des lieux.

Il voit son ventre blanc, ses cuisses entrouvertes, et il a le sentiment que son corps vient de le trahir. Aussitôt il fait un bond de côté et tâte le drap à l'endroit où ses fesses étaient posées. Et s'il avait pissé au lit? Depuis le temps qu'il est couché là... Il lui semble qu'une voix dont il ne reconnaît ni les inflexions ni le timbre lui reproche de ne pas être propre. Joden, tu n'es pourtant pas un bébé, dit la voix qui n'appartient à personne. Il frémit; son être se creuse, se désunit, se vide de toutes ses matières. Sa volonté est incapable d'intimer un ordre à son corps. Quand, de la paume de la main, il touche à nouveau le drap, il n'y trouve que les marques de sa transpiration.

L'inventaire de la pièce est facile à faire : une table, une chaise, un lit, des murs nus et trois portes. Joden se lève et le soleil le frappe en pleine face. Prisonnier de la lumière, il grimace mais il se dirige vers la fenêtre en suivant le rai jaune qui filtre entre les rideaux. Il tire avec précaution les deux pans de tissu comme si d'instinct il craignait d'être surpris. Par qui? Il ne sait. Derrière la fenêtre, un ciel d'été de ce bleu fondant et vide qui est un peu la teinte de l'éternité et des entrelacs de fleurs versicolores, une nature abondante et vive, ignorant la main de l'homme et jusqu'à son regard.

Qu'importent les fleurs dont il a oublié le nom, qu'importe le ciel où le moindre battement d'aile se noie à tout jamais, si lui, Joden, s'est perdu en chemin. Ses gestes se font rapides, sa démarche déterminée. Derrière la première porte, il découvre un lavabo, une douche et la cuvette blanche des cabinets. Ses mains se posent sur le rebord du lavabo et il se penche pour scruter de plus près le mur et flairer à cet endroit précis la trace de quelque chose ou de quelqu'un. Devant le crépi vierge, Joden bat en retraite.

10

La seconde porte s'ouvre sur une penderie : une dizaine de cintres dont deux seulement sont chargés de vêtements. Joden referme le placard.

A peine la dernière porte est-elle entrebâillée, que Joden titube et plaque ses deux mains sur son visage. Il dodeline de la tête et du corps ainsi qu'un animal frappé en plein élan. Où suis-je? pense-t-il pour la première fois. Jusque-là, il a quêté un indice, reniflé une piste, sans comprendre vraiment la signification de ses gestes. Il a fallu ce flot de lumière pour que renaissent les anciennes souffrances, les mots et les interrogations. Où suis-je? Contre ses yeux, un à un, ses doigts s'écartent et son regard apprivoise le grand soleil. Depuis combien de jours vit-il dans l'obscurité pour que la clarté lui soit si cruelle? Ombre ou lumière, cette douleur semble irradier dans sa tête depuis toujours.

Maintenant, il expose ses yeux et ses longs membres au feu de midi. On dirait un géant au regard vulnérable. Sur son visage, la tendresse des êtres jeunes surpris dans leur sommeil ou de ceux qui viennent tout juste de mourir. Si douce cette tête d'enfant sur ce grand corps nu, si douce qu'une femme aimerait la bercer entre ses cuisses.

A l'ombre d'un acacia, quatre hommes jouent aux cartes en silence. Quand Joden apparaît dans l'embrasure de la porte, ils n'ont pas un regard pour lui.

« Bonjour », dit Joden en marchant dans leur direction.

Il ne songe plus à sa nudité et c'est à peine s'il sent sous la plante de ses pieds le sol brûlant. A cette minute, il pourrait danser sur des braises si tel était le prix du savoir.

« Bonjour, bonjour », répète-t-il, et, à chaque bonjour, il hausse un peu plus la voix.

Il s'arrête, les bras ballants, à quelques mètres des joueurs, et tout son corps mendie une réponse. Le visage impassible, les quatre hommes poursuivent leur partie.

« Qui êtes-vous ? demande Joden. C'est vous qui m'avez amené ici ? »

Les hommes se taisent. Calmement, leurs mains battent les cartes, les disposent devant eux selon des règles que Joden ignore. Ses mots, pas plus que sa présence, ne troublent les arcanes du jeu.

Il fait chaud. Des odeurs de résine poissent l'air. Dans le silence des hommes, les insectes bruissent. La sueur perle sur le torse de Joden et dégouline en un double filet le long de son ventre et jusqu'à ses cuisses.

« Que m'est-il arrivé ? Un accident ? »

Joden s'approche un peu plus des joueurs.

« Pourquoi ne me répondez-vous pas ? »

Il y a des buissons de fleurs tout autour de la courette où sont installés les hommes. Le nom de ces fleurs ? Joden l'a oublié. Il a oublié les jours, les années. Il a oublié la route, la vie. Il a tout oublié.

Le plus âgé des quatre hommes laisse échapper une carte et se penche pour la ramasser. Quand il se redresse, le soleil frappe la monture de ses lunettes et soudain le métal explose comme une bombe.

« Je ne suis ni malade ni fou », continue Joden.

Les hommes ne bronchent pas. Rien que le silence, et, comme un bruit de métronome, le claquement des cartes jetées une à une sur la table.

« Regarde-moi, mais regardez-moi, bon Dieu ! »

Joden crie. Il ne sait plus ce qui lui est le plus insupportable : le silence des hommes ou celui de sa mémoire. Dans quel cauchemar a-t-il déjà senti le soleil peser si lourd sur ses épaules ? Dans quelle nuit a-t-il enduré la perte de son être ? Le feu est dans sa tête et les veinules sur ses tempes battent un peu plus fort à chaque interrogation. Il cherche en vain ce que fut hier. Hier, le mot lui paraît absurde. Quand il le murmure pour lui seul, aucun écho ne répond. Tout est blanc dans son souvenir, blanc et lisse; un écran a été tiré d'un bout à l'autre de l'horizon et les signes sont effacés.

L'homme aux lunettes lève les yeux vers Joden. Sa bouche esquisse même une sorte de sourire, mais, très vite, les commissures de ses lèvres retombent, s'immobilisent et son regard traverse Joden. Il doit avoir une soixantaine d'années, ou peut-être son crâne chauve le vieillit-il. Comme ses trois autres compagnons, il n'est vêtu que d'un pantalon blanc et son torse est nu. Entre la ceinture et la poitrine, l'obésité dessine dans sa chair molle deux plis bien nets.

A demi dissimulés derrière des verres fumés, ses petits yeux clairs n'expriment que l'indifférence et les quatre compères semblent trouver la situation de Joden très banale en regard des multiples combinaisons offertes par les cartes. Sans dire un mot, l'homme aux lunettes se plonge à nouveau dans son jeu.

Joden hésite un instant et l'envie le prend d'user de ses forces. Il pourrait renverser la table et bousculer ainsi l'ordonnance des choses. Les cartes éparpillées sur le sol ne lui fourniraient pas la parade au grand complot ourdi contre lui — sa situation s'en trouverait même aggravée — mais les quatre hommes seraient contraints de réagir. Privés de leurs mouvements mécaniques, il n'est pas impossible qu'ils ne deviennent soudain vulnérables.

Joden choisit pourtant la prudence. Il n'est pas temps encore d'affronter les hommes. Il retourne dans sa chambre et se saisit du costume marron accroché à l'un des cintres. Il enfile le pantalon et jette la veste sur le lit. Puis, au hasard d'une étagère, il découvre une chemise qu'il revêt aussitôt. Un geste en appelle un autre, et, grâce à une force initiale à laquelle il se soumet sans réticence, tout se déroule comme en dehors de lui.

Devant le mur aveugle du cabinet de toilette, Joden

ne parvient pas à réprimer une grimace. C'est un miroir qu'il a cherché à cet endroit-là dès son réveil. Pourquoi lui a-t-on dérobé jusqu'à son image? Une espèce de vertige s'empare de lui. Les murs s'éloignent et Joden, recroquevillé au centre d'un univers en fuite, tend les mains dans le vide. Il cherche en vain à fixer un point précis; tout recule devant lui pour s'évanouir dans les lointains. L'espace se gonfle, énorme, redoutable, illimité. Le regard de Joden s'affole. Dans le blanc laiteux de l'absence, il n'y a pas une seule île où se poser. Signe particulier : néant, murmure-t-il. Et, comme si les mots avaient le pouvoir de rompre les sortilèges, une image lui revient en mémoire. C'est une photo de classe jaunie par le temps. Des garçons d'une dizaine d'années affichent des airs bravaches qui contrastent avec leurs culottes courtes et leurs sandalettes. Il est là, Joden, le dernier à gauche au deuxième rang, un peu flou; il doit avoir bougé juste à l'instant fatidique. Au bas de la photo, on a inscrit sur une ardoise les mots : Année Scolaire... mais la ligne suivante qui devrait faire mention des dates est effacée.

Quand, habillé cette fois, Joden réapparaît dans la courette, les hommes semblent n'avoir pas bougé. Cependant, après quelques secondes d'attention, Joden remarque que le joueur aux lunettes teintées qu'il voyait de face lui tourne à présent le dos et qu'un jeune homme au long visage ossifié a pris sa place. Joden traverse la courette sans plus prêter attention aux quatre muets.

Il marche; il ne fuit pas. Il marche à longues enjambées comme s'il connaissait bien les lieux. Entre les broussailles, il y a un chemin et Joden, pour la première fois depuis des jours, des années, des siècles, depuis toujours il le jurerait, se sent presque joyeux. Dans la chaleur de l'air, une note plus vive force les

14

poumons à s'ouvrir. « Mer! Mer! » pour un peu crierait-il, comme autrefois les navigateurs hurlaient « Terre! Terre! » en apercevant les premiers oiseaux avant-coureurs du continent. Non, Joden ne crie pas; il a oublié que ces effluves, que cet espoir, sont le parfum de la mer cachée derrière un ressaut.

Au bord du chemin, des ancolies dardent leurs éperons rouges dans l'air surchauffé et leurs calices ont la couleur de la chair à vif. Tout n'est pas fini, songe Joden. Le monde se recompose, il le voit, il le sent, il le cherche. Pour croire aux commencements, il suffit de quelques tiges ramifiées, de quelques limbes de pétales.

Deux ou trois minutes encore et la petite colline sera gravie. Là-haut, Joden pourra d'un seul coup mesurer les lieux et tout s'éclaircira dans son esprit. Il faut imposer silence aux doutes et continuer jusqu'à ce point précis où le nouveau savoir viendra irriguer son corps. Il se peut alors que sa mémoire ressuscitée par une brise inconnue lui apprenne son ancienne vie et qu'elle soit conforme à ses désirs. Quelle merveilleuse convalescence, il va avoir!

Joden n'a pas entendu le pas des hommes derrière lui.

Quand il se retourne enfin, quelques mètres à peine le séparent d'eux.

« La promenade est terminée », dit le jeune homme au visage tout en os.

Ces mots, les premiers, tombent net comme un couperet et comme l'évidence. L'air chaud fait trembler les corolles des fleurs et les pétales tordent leurs flammèches pourpres. Le paysage entier est en fusion. Joden ne veut pas courir jusqu'à épuisement comme un gibier forcé. Si par malheur les autres venaient à le rejoindre, il n'aurait pas le temps de pivoter sur lui-même pour se défendre. Joden, aveuglé par les rayons du soleil leur fera donc face. Il est seul; seul au monde, seul en lui-même, seul dans la blancheur insoutenable des contrées oubliées.

La poix brûlante coule sur ses joues. Un souffle torride lui plaque sur le visage un bâillon de résine et de goudron. Les hommes gagnent du terrain, encore deux mètres et ils l'auront rattrapé. Comme au ralenti, il voit approcher les quatre compères. Leurs sourcils sont crispés par l'effort, et, dans leur regard, ne se lit que la détermination aveugle de ceux qui obéissent aux ordres. Mais qui commande ? et pourquoi cette chasse à l'homme ? Avant même de lutter, Joden mesure l'immensité de son ignorance et il sent confusément qu'elle pèsera plus que tout sur l'issue du combat.

Avec désespoir, il rassemble toutes ses forces pour le dernier saut. La rage est dans ses jambes, dans ses bras, dans ses poings. Il se précipite sur le plus jeune des combattants qui résiste à sa poussée. Et, quand Joden tombe à terre sous l'effort conjugué des quatre hommes, il ne s'avoue pas encore vaincu. Il se relève, haletant et en nage, mais un poing en pleine figure le foudroie aussitôt. La tête contre le sol, il réapprend le goût fade de son sang.

Les hommes ne l'ont pas accablé davantage. Peut-être même l'ont-ils aidé à se relever. Lentement, la respiration de Joden et celle de ses quatre compagnons s'est apaisée. Il est rentré dans sa chambre, tandis que les autres reprenaient leur place à l'ombre de l'acacia, et, dans la lumière et le silence, le temps a effacé les traces de ce combat presque fortuit.

Il n'y a pas de montre, pas de réveil, pas d'horloge. De l'aube au crépuscule, les jours se ressemblent et Joden les compte en faisant chaque matin une petite entaille sous le plateau de la table.

La nuit, l'étau de chaleur et d'ennui se desserre un peu. Comme une rémission dans cet univers décoloré par la lumière et l'absence, il y a la survenue des rêves. Ils sont troubles et sans contours ainsi qu'une pellicule photographique mal impressionnée. Signes d'un autre monde, ils apparaissent et s'effacent sans crier gare.

Longtemps après son réveil, Joden se sent habité par les monstres nocturnes, et, parfois, il distingue parmi eux quelque créature plus discrète, qui ne possède ni visage ni corps, et à qui il serait incapable de donner un nom, mais qui pèse tout le poids d'une existence qui fut étroitement mêlée à la sienne. Il ne parvient pas à reconstituer l'histoire de cet être, cependant sa présence indistincte lui procure une sensation de plaisir. Il arrive aussi que l'une de ces formes fasse se lever en lui d'étranges colères. Mais Joden ne redoute pas les personnages de ses rêves. Il sombre dans la nuit avec volupté, comme si, au hasard des rencontres, elle seule pouvait lui fournir le mot de l'énigme.

Les hommes aux pantalons blancs se relaient devant

sa porte. Ils ont tous les mêmes gestes d'automates, les mêmes visages illisibles. La nuit, Joden les entend chuchoter, mais il n'est jamais parvenu à saisir l'une de leurs phrases. Les rares mots par lesquels ils se sont adressés à lui, étaient purement utilitaires et semblaient avoir été appris par cœur et souvent répétés. Ainsi, les hommes lui ont-ils indiqué les limites de son territoire. Il peut aller et venir de la chambre à la cour, mais le ressaut de terrain est infranchissable. Quand il a interrogé l'un d'eux sur la durée de sa détention, l'homme a répondu laconiquement : « Chaque chose en son temps; un jour viendra... » et sa phrase est restée en suspens.

Trois fois par jour, on lui apporte sa nourriture. Elle est variée, abondante et le plus souvent savoureuse. S'il lui arrive de manifester quelque répugnance pour un plat en ne le touchant pas, jamais plus l'aliment incriminé ne figure au menu. Tout se passe comme si une présence invisible veillait sur ses moindres gestes et protégeait même son bien-être. Aucune menace n'est proférée contre lui dès lors qu'il ne cherche pas à surprendre la vigilance de ses gardiens.

Chaque fin d'après-midi, la brise se lève et, quand le soleil disparaît derrière la colline, elle force soudain. L'air se charge alors des exhalaisons fiévreuses de mille et mille fleurs épuisées par le jour, et une musique à peine perceptible arrive par bouffées. Parfois, Joden reconnaît un refrain et il le fredonne, doucement. Dans les intervalles de silence, il cherche à prolonger la phrase musicale et à lui trouver des variations. Peu à peu, le fil de sa mémoire se tend et Joden égrène comme une prière de vieux couplets idiots.

Un jour, alors qu'il vient tout juste de dénombrer huit entailles dans le bois de la table, deux hommes apportent un miroir qu'ils placent au-dessus du lavabo dans le cabinet de toilette. Dès le départ des visiteurs, Joden se précipite à la rencontre de son image.

Il se regarde sans vraiment se reconnaître. Il lui semble être soudain en présence d'un des personnages de ses rêves. C'est lui pourtant, ce visage mangé par la barbe, les cheveux, les sourcils. Tous ces poils d'un blond presque roussi le font ressembler à un paysage incendié, à quelque brûlis excédé de soleil et condamné pour toujours à la stérilité. Son cou est long et mince, et les tensions de son être crispent sa mâchoire. Sous la barbe, se dessine un menton solide qui contraste avec la douceur un peu lasse du regard.

Joden fait l'inventaire de ce qu'il découvre dans la glace. Le front, les oreilles, les lèvres. Il s'attache aux détails, sans parvenir à en dégager une impression générale. Son image lui paraît à la fois trop neuve et trop usée. Somme toute assez banale. Comment un tel visage peut-il intéresser les hommes d'ici? Car il les intéresse; sinon, pourquoi cette prison? pourquoi ce silence? pourquoi cet oubli?

Entre ses sourcils, il y a deux rides bien nettes, comme si les maux de tête dont il souffre encore par intermittence avaient imprimé leur marque. Visage, triste visage! Joden ne l'aime pas, parce qu'on l'a contraint à ignorer le rire et la paix. Quelle est donc cette nouvelle loi qui ordonne de châtrer ceux qui ont osé un jour dire non? Mais non à qui? à quoi?

Il se regarde, et, par instant, il voit un homme, un adolescent qui croit au bonheur. Il est au bord d'un océan un peu gris, chargé de vases et d'algues. Avec la lame de son canif, il ouvre de petites huîtres vertes et nacrées dont il gobe la pulpe à même la coquille. Il entend le bruit de succion, il sent contre son palais la chair repue de vie et son goût humide et salé, et il rit, il rit — oui, il a su rire — il rit en se lavant les doigts dans les vagues. Il s'appelle Colomb et il est le grand Découvreur. Partir! Partir! Il se souvient de ses grands rêves de voyage. Il n'a jamais rencontré un ruisseau sans le suivre par la pensée jusqu'à son confluent, jusqu'à son estuaire. Il voit son frère Mérak, de quatre ou cinq ans son cadet. Mérak lui demande : « Que feras-tu plus tard ? » Joden répond : « Je partirai. »

Je partirai... Je partirai... L'image d'autrefois s'est figée et le silence retombe sur Joden. Tant d'efforts pour une seconde de passé ! Combien de fois encore lui faudra-t-il partir à la recherche de l'adolescent sur la plage afin de recomposer la vieille histoire ? Joden serre les poings et sa mâchoire se contracte un peu plus. Dût-il épuiser ses forces, dût-il se battre des jours et des nuits jusqu'à en perdre la tête, il retournera au bord de l'océan. Entre l'adolescent qui rêve de nouvelles contrées et le prisonnier à l'esprit vide, il finira bien par trouver le lien.

Je partirai... Je partirai... comme une obsession. Le monde est clos : quatre murs blancs, une cour exiguë et un paysage indiscernable. Le sommeil de sa mémoire limite son territoire bien plus que les interdits des hommes. Si au moins il était un prisonnier comme les autres, il pourrait s'évader dans ses souvenirs ou dans ses espoirs, et il connaîtrait les raisons et la durée de son supplice. Joden vit reclus à l'intérieur de lui-même et son corps est un vêtement trop grand qu'il ne parvient plus à habiter.

Les entailles sous la table. Avec rage. Avec obstination. Une vingtaine bientôt. La lente alluvion du temps inutile. Ailleurs, le monde des vivants doit exister. Combien d'entailles avant de le rejoindre ? Ici, jamais rien n'arrive et la durée qui s'écoule loin du regard des hommes devient ce qu'elle est : une éternité qui ne se partage pas.

La colline ferme le paysage, mais Joden devine dans l'air du soir un parfum marin et, quand la brise se lève, il lui arrive d'aller à la rencontre de l'adolescent sur la plage. Une île, peut-être habite-t-il une île. Après la colline, il y a les espaces sauvages de l'océan et de l'imaginaire. Il pressent le flux et le reflux dont le mouvement mathématique use l'espoir pour le faire jaillir à nouveau. Comme un noyau solide, la volonté de Joden durcit. Vivre et encore vivre.

Autour de la maison, les fleurs se fanent. Par groupe de quatre, les hommes prennent leur tour de garde devant la porte, bientôt d'autres les remplaceront. Soir après soir, il y a la musique venue de l'au-delà des collines. Et puis la nuit, et puis les rêves. Sur cette terre d'oubli, tout vit et tout meurt un peu plus lentement. Joden seul persiste. Témoin à la cervelle vide, guetteur au regard borné, il ne porte plus cette barbe qui le faisait ressembler aux figures de proue qui n'ont cure ni du temps ni de la vague. Son visage est rasé de près et il l'expose à l'érosion du vent et du soleil afin que sa peau s'invente une nouvelle mémoire.

Un matin, un miaulement éveille Joden. Pendant son sommeil, un petit chat a pénétré dans la chambre. Son pelage est d'un roux qui s'adoucit jusqu'au miel sous son ventre et flamboie comme un brandon au bout de sa queue. Tout tacheté de brun, on le dirait revêtu d'un de ces habits de camouflage que portent ceux qui s'aventurent sur les terres brûlées.

Joden retient sa respiration pour ne pas l'effrayer. Le chaton avance un peu hésitant, un peu sournois. Sa pupille se dilate dans l'obscurité, et, de fauve, son regard devient presque noir. Au fur et à mesure de la découverte, il s'enhardit et il entreprend même l'escalade du lit. Joden l'attrape et le serre contre sa poitrine. Toutes griffes dehors, l'animal se laisse faire comme à contrecœur, puis, très vite, sa respiration s'apaise, ses muscles se détendent; il n'est plus qu'abandon. Contre l'aisselle de Joden, il se pelotonne et tous deux apprennent à dormir ensemble. La chose est facile. Entre le jour et la nuit, entre la veille et le rêve, ils ne font pas grande différence. Et, quand ils s'assoupissent, c'est à peine si leurs paupières se ferment, simplement ils regardent vers l'intérieur. Ils se ressemblent et Joden prénomme le chat Mérak, parce que son frère Mérak est le seul être dont il se souvienne. Mérak marchait à son pas, Mérak parlait son langage et, comme le chat, il ressemblait à Joden.

Suivez-nous, a dit l'un des hommes. Il fait nuit et l'ordre tire Joden de son sommeil. Suivez-nous, répète la voix. Les mots sonnent étrangement dans l'air raréfié. Quatre hommes sont entrés dans la chambre et attendent, sans manifester la moindre impatience, que Joden se lève et obéisse. Pourquoi ? demande-t-il, les hommes ne lui répondent pas. Mérak dort contre sa poitrine et la présence des étrangers ne le trouble guère. Puis-je l'emmener ? interroge Joden en désignant le chaton à la robe fauve comme celle d'un cigare. Bien sûr.

Joden s'habille. Il accompagne chacun de ses gestes de commentaires à haute voix comme si le flot de ses paroles pouvait repousser le silence des autres. Des phrases qui ne servent à rien. Des questions auxquelles il n'espère pas une seule seconde obtenir de réponse. Du bruit, simplement du bruit, du bruit pour rien, du bruit pour nier sa soumission, du bruit comme ultime recours... La voix de Joden contre le ciel bleu foncé. Chaque parole même chuchotée monte dans la nuit ainsi qu'un appel.

Joden regarde sa chambre. C'était le dernier pays ; du moins, le croyait-il. Dans ce désert, l'absence était si pure et si parfaite, qu'il avait souhaité s'y perdre. Une longue vague de sommeil l'emportait et il se laissait aller, certain qu'il était que jamais rien dans le vide ne la ferait déferler. Pas même un cauchemar pour briser son élan. Sans le plaisir, la douleur n'existait pas. Et sans la vie, pourquoi donc la mort ?

De bleu foncé, le ciel s'est fait plus noir que la pupille de Mérak. Joden flanqué des quatre hommes grimpe entre les broussailles à l'assaut de la colline, et, quand il arrive au sommet, une brise qui a le goût des mers chaudes vient le caresser. Aussitôt ses yeux se plissent à la recherche des lointains sans rien pouvoir distinguer. Aucune étoile. Joden perd pied dans cette obscurité plus dense de seconde en seconde et ses bras étreignent sur sa poitrine le petit chat endormi.

Peu à peu, le rythme de ses pas s'accorde à celui des quatre hommes qui l'accompagnent. Comme une vieille habitude inscrite dans sa chair, il redécouvre la cadence régulière des marcheurs.

II

LE VILLAGE

On dirait un village de pêcheurs dont les maisons encastrées les unes dans les autres comme un jeu d'enfant multiplieraient à l'infini les ocres juteuses.

Lorsque Joden est arrivé avec ses quatre gardiens, l'aube s'annonçait tout juste par une sorte de traînée laiteuse au ras des flots qu'il prit d'abord pour de l'écume. Puis le ciel entier blanchit. Après l'opacité des paysages traversés, cette lumière sur la mer immobile lui parut irréelle. Les choses devenaient poreuses et presque transparentes; lentement, les angoisses s'effaçaient comme un mauvais songe. Il n'y avait plus aucun secret.

Pourtant le jour n'a pas desserré les mâchoires des hommes. Aux questions de Joden, ils ont refusé de répondre, et, quand par miracle ils ont laissé tomber quelques mots, leurs voix semblaient encore plus inquiétantes dans la douceur de l'aube.

Ils ont marché dans les ruelles endormies, monté quelques marches, puis l'un des gardiens a poussé la porte d'une petite maison aux murs jaunes et délavés. A l'intérieur, il y avait une chambre simple et nette comme une cabine de bateau.

« Vous habiterez désormais ici. Vos repas vous y

seront servis. Aucune discipline particulière. Vous
pourrez aller où bon vous semble en respectant toute-
fois le repos des autres habitants. Autour du village, les
barbelés vous indiqueront clairement la limite à ne
pas dépasser. Pour vos besoins matériels, adressez-
vous aux gardiens; ils sont nombreux. Bon séjour,
monsieur.

Joden s'apprête à les interroger sur la longueur de
son séjour, mais déjà les hommes ont disparu. Il en
ressent une espèce de soulagement. Leur présence
inquiétait le paysage. A l'heure tendre du matin, soudain c'étaient eux les étrangers.

Il referme derrière lui la porte et il descend vers la
mer en serrant toujours Mérak contre sa poitrine. Il
s'assied à la limite des eaux sur le sable humide et,
perdu dans ses réflexions, il ne voit pas le jeune
homme aux cheveux roux qui s'approche de lui.

« Il va faire beau », dit le petit rouquin comme s'il
parlait à lui-même.

Joden sursaute et l'autre d'ajouter en clignant des
yeux nerveusement : « D'ailleurs, il fait toujours beau.

— Toujours ?

— Enfin... depuis que je suis là. J'ai justement l'impression qu'il y a très, très longtemps, parce qu'il fait
toujours beau. Et toi, tu es nouveau ?

— Oui.

— De cette nuit ?

— Oui, de cette nuit.

— On arrive toujours la nuit, affirme le rouquin en
souriant tandis que son tic le fait ciller. Ils aiment les
nuits sans lune. De vrais maniaques ! Comme si ça pouvait nous effrayer. La nuit dont on vient, elle est bien
plus noire encore et ils le savent puisque c'est eux qui
la fabriquent. Pfitt ! La belle éclipse dans nos têtes.
Plus rien. Tout est fini. Tout est oublié.

— Vous aussi, vous avez oublié ?

— On voit bien que tu es nouveau ! »

Le petit homme éclate de rire, et, de ses deux mains, il ébouriffe sa tignasse. Puis il continue en ponctuant chacune de ses phrases de grands gestes un peu désordonnés.

« Bien sûr que j'ai oublié. Tu sais, on est tous logés à la même enseigne. Bientôt tu vas les voir sortir de leurs piaules, nos compagnons aux grosses têtes pleines de vent.

— Mais pourquoi ? Qu'est-ce que nous avons fait ? Vous savez, vous, ce qu'on nous reproche ?

— Mon vieux, ne te pose pas trop de questions. On est déjà un peu sonnés, nous, les habitants d'ici ! Alors si en plus tu te poses des questions, tu vas devenir complètement gâteux. Tu vois, moi, j'ai le don de cueillir les nouveaux arrivants. Eh bien, ils ont tous le même air hésitant. On dirait qu'ils se demandent s'ils doivent se réjouir. Après tout le village n'est pas mal, le site non plus, et puis ils ont bien mérité des vacances ceux qui arrivent. Tudieu ! elles sont longues les vacances, je te jure !

— Longues ? Combien ?

— Personne ne sait. On arrive là une nuit, on en repart une autre nuit. Entre les deux, il peut y avoir une semaine, des mois, des années, ça dépend. D'ailleurs, nous n'avons ni montre ni calendrier. Nous nous arrangeons pour compter à notre manière. »

Mérak saute des bras de Joden, et, l'œil fixe et les vibrisses arrogantes, il s'approche d'un autre chat, tigré comme un petit fauve, et un peu plus âgé que lui. Après un court moment d'observation, les deux animaux décident d'être amis et s'en vont jouer sur une langue de sable déjà chaude de soleil.

Le village commence à s'éveiller et des grappes d'hommes en blanc parcourent les ruelles.

« Nous les appelons les muets, dit le rouquin en les désignant du doigt. Ils sont toujours debout, même la nuit. Je vais te dire, ils rôdent jusque dans nos rêves

29

pour les empoisonner. Impossible de leur échapper. On ne s'enfuit pas d'ici.

— Et par la mer? »

Joden ne peut croire à une prison dont un des murs serait la mer. Partir! Partir! Où es-tu Colomb, voyageur des temps nouveaux? Joden se souvient de la plage de son enfance et les mots jaillissent de sa bouche sans qu'il en ait mesuré la portée. Après tout, il ne sait rien de son interlocuteur. Rien, sinon qu'il est le premier homme à lui avoir adressé la parole. Et si ses confidences n'étaient qu'un piège?

« Libre à toi de nager jusqu'à épuisement, répond le rouquin. Mais quant à espérer reprendre pied sur un des rochers, impossible. Les muets sont partout et à toute heure. Je ne sais qui les paie, mais leur patron peut se vanter d'avoir des employés modèles. »

Un à un, des hommes apparaissent sur le seuil des maisons. Ceux-là ne sont pas vêtus de blanc; ils portent des pantalons bruns, gris, bleu marine, et leurs chemises sont plus claires. Ils ont des gestes las pour s'étirer et ils promènent au loin des regards circulaires. Certains se saluent d'un geste de la main; il y a des bonjours échangés d'une voix un peu traînante et des prénoms qui semblent jetés au hasard. D'autres se taisent. La main sur le front, ils regardent vers le large comme si tout espoir devait naître des flots.

Une dizaine d'hommes a maintenant quitté les chambres et descend vers la plage. Joden les regarde et ce sont moins leurs allures indécises qui le surprennent que le peuple de chats qui marche sur leurs traces. Il y en a des blancs, des noirs, des tachetés, des fauves, des dodus et des efflanqués. Un des plus jeunes joue avec son ombre, tandis qu'une superbe sphinge s'assoupit sur une chaise rouillée. Par une curieuse aberration de la nature, chaque homme est flanqué de son double animal.

« Normalement il devrait y avoir exactement le

même nombre de chats que d'hommes, explique le rouquin. Mais nous ne sommes pas à l'abri des accidents. Oba, par exemple, a égorgé le sien dans un moment de folie. Et puis, ces petites bêtes ont l'avantage sur nous d'être des deux sexes, et, même ici, il arrive qu'on assiste à des naissances. »

Effaré, Joden contemple le spectacle des hommes et des chats. Il a l'impression que des miroirs invisibles reflètent de toute part sa propre expérience. Elle se multiplie à l'infini et devient plus tragique encore parce que, cessant d'être le fruit du hasard, elle semble s'inscrire au contraire dans un système dont il ignore les lois.

Avant l'arrivée des autres, Joden voudrait interroger son compagnon à la tignasse rousse. Les mots, les questions se pressent sur ses lèvres. Tout dire, tout saisir en un éclair; et tant pis pour le désespoir et l'horreur. Ne fait-il pas doux comme au premier jour? N'y a-t-il pas la mer à portée de regard et l'éblouissant reflet du soleil sur les schistes des collines? N'y a-t-il pas les autres, leurs mains et leurs mots pour rompre la solitude? Pourquoi? Pourquoi? murmure-t-il machinalement. Pourquoi toutes ces vies qui se répètent? Pourquoi? Et il ajoute en s'adressant cette fois au petit rouquin : « Il m'arrive pourtant de me souvenir d'un autre monde.

— Oui, il faut y croire sous peine de devenir cinglé. Regarde, eux, ils en viennent et ils sont sûrs d'y retourner, dit le rouquin en montrant les gardiens. Pas très alléchant l'autre monde!

— Et nous?

— Oh! nous... »

Il a un geste évasif de la main et ses petits yeux clignent de nouveau.

Cinq hommes font maintenant cercle autour de Joden et de son compagnon. Chacun d'eux s'est éveillé un matin dans une chambre au crépi blanc, le silence

31

et l'oubli dans sa tête. Il y a eu le mutisme des geôliers, le désespoir et les révoltes sans lendemain. Il y a eu le réconfort dérisoire d'une présence animale et puis la marche dans la nuit.

« Je vous aurais volontiers souhaité la bienvenue si cela avait un sens. »

Un long visage émacié, des yeux très sombres et comme enfoncés dans les orbites de la mort, l'homme qui parle a un léger mouvement de tête pour saluer Joden. « On m'appelle Arihméleb, dit-il en lui tendant une main sèche et nerveuse.

— Moi, c'est Eware, reprend le rouquin en gratifiant Joden d'une tape dans le dos. Je n'avais pas pensé à me présenter. Ici, on oublie le principal. Pas vrai ?

— Tais-toi donc, dit Arihméleb avec un geste qui trahit son agacement. « Tais-toi », répètent en chœur tous les autres d'une voix presque indifférente.

« Ah, oui ! rétorque le petit rouquin sans se laisser intimider, je ne t'ai pas signalé le plus important. Ces messieurs ont institué une règle, comme si ça ne suffisait pas de toutes celles qu'on nous impose : défense de prononcer le mot oubli. Il est banni de nos conversations. Ici, nous ignorons l'oubli. Ici, nous ne sommes que souvenir. Nos bras, nos jambes, nos mains, nos sexes vivent de souvenirs. Mais nos têtes, nos pauvres têtes... »

A peine Joden se sent-il soulagé d'exister enfin à travers les paroles et les regards des autres que la similitude parfaite de tous ces destins le trouble jusqu'au vertige. Toute originalité semble niée par la perte de la mémoire. Il ne reste plus que les différences physiques pour témoigner de l'individualité de chacun. Piètre vestige ! Les hommes sont plantés au milieu d'un décor sans âme, comme des statues qu'un artiste oublieux aurait abandonnées. De la genèse de l'œuvre est-il possible que l'on ne sache rien ?

Au moment où Joden s'y attend le moins, une image

très précise s'impose à lui. Il a sept ou huit ans et il
marche avec son père et sa mère dans une rue ensoleillée. Peu à peu, il devance ses parents de quelques pas.
Tout est calme et désert. De petites maisons blanches
avec des jardinets et des volets clos. Joden est heureux
comme s'il était seul au monde à respirer, à sentir, à
vivre. Il lui semble avoir dérobé un secret au silence
des choses. Il se retourne, le sourire aux lèvres, pour
partager ce bonheur tout neuf avec ses parents. Soudain, la rue est vide. Il est seul. Les murs grandissent
autour de lui. Il y a des porches, des galeries, des plages de lumière et des trous d'ombre, toute une perspective en trompe-l'œil qui trouble le paysage. Joden, silencieux, reste cloué sur place. Il ne s'interroge pas sur les
motifs de cet abandon. Il constate. Avec horreur. Les
secondes s'étirent dans la solitude. Quand ses parents
réapparaissent enfin sur le seuil de la porte cochère où
ils s'étaient cachés par jeu, l'enfant immobile ne sourit
plus.

Ils sont maintenant une dizaine autour de Joden. Il
apprend un à un les prénoms de ces hommes auxquels
la fatalité l'attache, tout étourdi après tant de jours de
solitude par toutes ces voix qui se mêlent, tous ces
regards qui débusquent le sien, tous ces visages gavés
d'oubli.
    « Croyez-moi, dit Arihméleb en s'asseyant aux côtés
de Joden, il ne faut pas désespérer. Je peux vous assurer que nous progressons chaque jour. Le salut ne
consiste pas à trouver quelque échappatoire pour nous
soustraire à la surveillance de nos gardiens. Le salut
est là, dans nos mémoires. Il faut tout simplement
recoller les morceaux. »
    Ces derniers mots, chuchotés à l'oreille de Joden, ont
une résonance curieusement grave. L'homme qui les a
prononcés paraît un peu guindé, et presque doctoral,

mais la flamme de son regard donne vie à son grand corps efflanqué. Sous le double auvent des sourcils, ses petits yeux sont d'un noir absolu et il émane de toute sa personne une sorte d'autorité qui ne semble pas due seulement au langage mais bien plutôt à quelque ancienne prérogative.

Arihméleb parle longtemps, et, si la confidence s'adresse à Joden, tous les autres écoutent avec déférence. Il dit qu'il faut être vigilant au moindre souffle de passé et que la brise ne choisit pas son heure. Il dit aussi que la plus petite étincelle peut allumer un incendie et, comme il y eut autrefois des voleurs de feu, chaque homme pour survivre doit se faire voleur d'instants.

Il est bientôt midi et l'incorruptible lumière inonde le village. Les chats frôlent les murs tandis que les gardiens se dirigent d'un pas pressé vers un chemin de terre battue. Quatre camions arrivent et d'autres hommes vêtus de blanc en descendent pour prendre la relève. Quelques caisses de victuailles s'écrasent au sol et on les porte en procession jusqu'au grand bâtiment qui abrite les cuisines. Les camions font demi-tour presque sur place, puis disparaissent dans un nuage de poussière.

Lentement, le silence se dépose à nouveau sur le village, et les maisons s'enfoncent dans la lumière comme dans un élément liquide. Les ocres des murs s'affadissent de seconde en seconde, pour se noyer dans la blancheur à l'heure du zénith. Il n'y a plus ni contrastes ni ombres. Alors, Oba, qui, dans un moment de démence, égorgea son chat, sort de sa chambre. Nu, il court dans la ruelle et jusqu'à la plage, et, face à la mer, le corps arc-bouté, les muscles saillants, la tête renversée, il crie.

DEPUIS son arrivée, Joden demande de quoi écrire. Aujourd'hui, on lui apporte enfin un crayon et une feuille de papier. Eware l'a pourtant mis en garde : il est impossible d'envoyer des messages; même les courants convergent vers la plage et la bouteille jetée à la mer revient s'échouer sur le rivage parmi les carapaces de crabes, les cadavres marins et les algues. Grâce à un étrange phénomène de gravitation, les êtres et les choses semblent attirés inéluctablement par la grève, et les grands oiseaux de mer, mieux instruits que d'autres des dangers naturels, évitent les parages. Leur vol risquerait de se briser contre les lames aveuglantes des schistes qui enserrent le village.

Joden a écouté le petit rouquin sans rien lui confier de ses intentions. Il n'a jamais pensé écrire à quelqu'un, ni même lancer un appel. Qui pourrait l'entendre ? Il ne parvient pas à imaginer au-delà des barbelés, au-delà des mers peut-être, dans cet autre monde incertain, un visage à qui s'adresser. Il lui faut seulement inscrire sur le papier les mots qui traversent son esprit presque malgré lui.

Comme un écolier, il écrit d'abord son prénom en grosses lettres d'imprimerie en haut et à gauche. Puis, dès qu'il se sent plus à l'aise devant la feuille de papier, l'idée lui vient d'économiser la place. Sans doute les gardiens ne répondront-ils pas une seconde fois à sa demande et le papier se fera de plus en plus rare.

Des bribes de phrases, des expressions, des lambeaux de poèmes. Il ne sait s'il se souvient ou s'il imagine, mais son corps est en repos et les veinules de ses tempes s'apaisent. Assis à sa table, le front penché sur le papier, il se sent bien et cette position appelle les mots, comme dans le lit le fait de se recroqueviller sur le côté provoque le sommeil.

Oba, l'égorgeur de chat ainsi que le nomme Arihméleb, pousse sans bruit la porte. Il se tient droit et nu sur le seuil, et il tousse pour avertir Joden de sa présence.

« Je peux te parler ? demande-t-il.

— Bien sûr. Entre. »

Joden ne lui dira pas qu'il préférerait rester seul. Comme s'il était possible de désirer encore et encore la solitude quand on ne connaît qu'elle ! Entre, répète-t-il, mais Oba ne bouge pas et laisse ses bras baller le long de son corps. Il est couvert de poils blonds et frisés que le sable, l'eau et les vases ont collés par plaques, donnant à sa peau un aspect grenu. Dans son petit visage poupin, deux grands yeux verts un peu hagards fixent Joden sans paraître pourtant le voir et sa lèvre supérieure qui porte la cicatrice d'un bec-de-lièvre mal opéré frémit à chaque respiration. Il s'accote au chambranle de la porte, ses yeux se plissent et sa lèvre brisée se retrousse un peu comme s'il se recueillait avant de parler.

« Joden, c'est toi que je suis venu prévenir, dit-il, car tu es le dernier arrivé et tu n'as aucune raison de ne pas me croire. »

Il marque un temps pour reprendre son souffle, sa grosse lèvre en l'air comme la trompe d'un éléphant qui vient de boire et il ajoute en confidence : « Je vais partir, partir la retrouver. Il y a plus d'un an qu'elle

36

pleure en m'attendant, son supplice ne peut durer davantage, comprends-tu ? Il faut que tu m'aides.

— Comment ?

— Par ton regard. Quand le moment sera venu, regarde-moi partir. Je ne te demande que cela. Pour le reste, j'en fais mon affaire.

— Ils n'hésiteront pas à te tuer.

— Nous sommes immortels, Joden. Nous avons déjà traversé mille et mille morts et ils le savent. C'est pour cela qu'ils nous enferment ; ils veulent connaître notre secret. Mais toi, tu ne leur diras rien. »

Il y a dans son regard cette douceur insoutenable des enfants qui ont faim. Une mèche pâle ruisselle sur sa joue et lui donne un air encore plus pathétique.

« Elle est belle, poursuit-il. Elle avait la richesse, un mari et trois enfants, elle a tout quitté pour moi ; à moi maintenant de tout quitter pour elle. Ne bouge pas, Joden, je te ferai signe le jour où je partirai et tu me regarderas. Tu ne me perdras pas de vue avant que je ne disparaisse. De l'autre côté, elle m'attend.

— Comment t'es-tu souvenu d'elle ?

— Tu doutes ! s'exclame Oba en se dirigeant soudain vers Joden, l'index pointé, le regard fiévreux.

— Non, je te demande seulement si son image ne s'est pas effacée, si tu n'as pas craint un instant de la perdre.

— Tu ne peux pas comprendre si tu doutes. »

Il s'arrête les poings serrés, puis il hausse les épaules et fait demi-tour. A peine est-il sorti de la chambre, que Joden se retourne vers la feuille de papier, et, la tête entre les mains, il ferme les yeux.

« Ecoute, Joden. »

Oba vient de réapparaître dans le cadre de la porte. Il a le souffle court et la transpiration poisse sa toison blonde.

« Quand je sors de l'eau à l'heure où il n'y a plus d'ombre, je me jette sur le ventre contre le sol brûlant.

Je crie et le sable entre dans mes narines, dans ma bouche, dans mes oreilles. Il m'écorche la peau et j'ai la bitte en bouillie comme si les goules me suçaient jusqu'au sang. Alors je me fous de vous tous. Je me fous d'Arihméleb qui ne veut pas que je me promène à poil. Il faut de la dignité, c'est tout ce qu'il nous reste, répète-t-il sans arrêt. Et je me fous encore plus des muets. Si tu savais comme il est chaud le sable pour y creuser son trou. Quand je rampe, ses grains laissent sur ma peau comme des griffures d'ongles. Il est chaud et fourré de moiteur. Il cache dans ses profondeurs de petits coquillages aux membranes humides et bavantes. Tu vois, Joden, c'est à ces moments-là que je me souviens d'elle. »

Il s'est mis à pleurer et Joden ému regarde les larmes rouler sur ses joues. Oba n'a pas un geste pour les essuyer. Il renifle et sa grosse lèvre se retrousse jusqu'à son nez. Il n'est même plus laid celui qui s'invente un amour, et, dans le cercle des visages de pierre, sa trogne torturée est comme le signe de la vie.

« Elle est belle, dit-il, encore plus belle que la plage, et elle a tout abandonné pour moi. On m'aime, je sais bien qu'on m'aime, et tant pis si ça fait rire les gens d'ici. Ils sont jaloux, Joden, parce qu'on m'aime et que je suis le seul à être vivant. Les muets et les autres, tous des jaloux, crois-moi ! »

Il a disparu sans laisser le temps à Joden de dire un mot. Pourquoi cette confidence alors que les deux hommes ne s'étaient pas encore adressé la parole ? Joden se souvient du grand cri d'Oba sur la plage. A ce moment-là sans doute, leurs vies se sont rapprochées.

Chaque jour, à l'heure où le matin s'achève, des camions bâchés s'en viennent dégorger, au centre du village, leur lot de victuailles. Des femmes vêtues de corsages aux couleurs vives et de jupes grises, froncées à la taille, sautent à terre dans un flot de poussière. Certaines se dirigent pieds nus vers les cuisines pour préparer le déjeuner, d'autres s'en vont faire les chambres des détenus et nettoyer les escaliers, les ruelles et la plage.

Leurs cheveux sont cachés sous des foulards froissés, et, quand à croupetons elles grattent le sol avec de minuscules balais faits de brindilles, leurs corps, leurs visages et leurs mains disparaissent complètement sous l'ampleur des étoffes. Pour économiser leurs efforts elles se déplacent au ras du sol, grosses masses informes au dandinement mou. Parfois, lorsqu'elles se croient seules, elles psalmodient des refrains très lents et pourtant cadencés qui semblent accompagner tout naturellement leurs gestes inlassables. Dès qu'un gardien s'approche d'elles, la chanson faiblit et meurt. En revanche, la présence des détenus semble les laisser parfaitement indifférentes; elles vont et viennent, la tête entre les bras, et il leur arrive parfois de se heurter aux jambes d'un homme sans y attacher plus d'importance que s'il s'agissait des pieds d'une table.

Les premiers jours, Joden a fait lui-même son lit pour prévenir toute incursion dans son domaine. La femme n'en a pas tenu compte. Elle a défait le lit, puis, après avoir retourné le matelas, elle a lissé du plat de la main les draps et la couverture. Il a cru percevoir dans ses gestes une minutie encore plus grande qu'à l'accoutumée, comme si la femme voulait lui faire comprendre que ce travail lui appartenait et qu'elle ne s'en laisserait pas déposséder. Le lendemain, une autre femme est venue et elle s'est comportée exactement de la même manière. Joden en a déduit que l'absence d'occupation devait être de règle pour les détenus.

Ce matin, la femme est arrivée quelques minutes à peine après le départ d'Oba. Elle dépose son balai dans un coin de la chambre et elle essuie son visage en sueur avec un grand mouchoir rouge. Puis, les jambes écartées, l'assise ferme, elle se redresse et s'étire comme la paysanne au bord du sillon. Quand elle surprend sur elle le regard de Joden, elle éclate d'un rire qui plisse ses yeux et découvre ses gencives rouges. Mérak vient alors se frotter à ses jambes en miaulant et elle s'accroupit pour le caresser.

Joden voit cette femme pour la première fois. S'il l'avait déjà rencontrée, sans doute s'en souviendrait-il. Ce n'est pas qu'elle soit belle, mais il y a dans son rire, dans son corps plein et solide, dans son visage aux joues rebondies, une sorte d'avidité qui l'émeut.

Elle se penche sur le lit pour saisir les draps et sa jupe grise se relève, découvrant la saignée des jambes et la naissance des cuisses. Joden s'approche d'elle qui paraît s'immobiliser et attendre. Quand il pose ses deux mains sur ses hanches, elle n'a pas un geste pour se dégager. Son rire, cette fois assourdi comme un chant profond, semble au contraire vouloir encourager Joden. Elle se redresse, et, s'étirant de nouveau, elle se colle à lui, grande, lourde, charnue et rose comme la corolle. Il sent ses fesses contre son sexe, et ces retrouvailles de la chair, loin des mots, hors du temps, l'arrachent enfin au silence et à la nuit de sa mémoire.

Les mains de Joden touchent, goûtent et chantent; elles écartent les étoffes rugueuses, elles arrachent le fichu fleuri, elles tâtent le lourd ventre cadencé, l'amas d'entrailles et de plantes moites. Il sent l'odeur de la femme dont il ignore le nom et le langage. Il ne sait rien d'elle, sinon que sa faim rencontre la sienne. Ils sont deux oubliés qui n'ont pas le temps, ni l'envie de demander pourquoi.

Avant de jouir, le front barré par la crispation de ses sourcils, elle prononce quelques mots à haute voix dans une langue que Joden ne comprend pas et qui a la sonorité à la fois douce et gutturale de ces refrains que les femmes chantent accroupies sous le soleil vertical.

Quand Joden se relève, soudain il les voit et il reste figé sur place. Ils sont cinq ou six, peut-être davantage. Immobiles sur le seuil de la porte et silencieux, l'œil fixe, les bras ballants, avec cet air démuni de ceux qui n'habitent plus ni leur corps ni la vie. Parfois, ils ont un hochement de tête latéral, de droite à gauche, de gauche à droite, comme s'ils ne voyaient plus le monde qu'à travers des grilles. Ce sont les détenus, ses compagnons, et Joden leur ressemble. Ils n'ont pas eu besoin de forcer la porte. Au village, les serrures n'ont pas de clef. Aucun regard salace, aucun sourire moqueur. Spectateurs indifférents, ils semblent avoir guetté en vain l'inattendu et ils s'en vont sans rien dire, tandis que la femme noue son foulard et rabat son jupon sur ses cuisses blanches.

« J'ai l'impression que le fil est cassé, dit Joden. C'est curieux, je me souviens parfaitement de tout ce qui s'est passé depuis l'instant où je me suis éveillé seul dans cette chambre de l'intérieur. Mais avant ce moment-là : rien. Il ne reste rien.

— Quelques visages, quelques mots reviennent peu à peu, dit Arihméleb. Vous verrez.

— Oui, ils reviennent... si difficilement et de si loin que je n'arrive pas à faire le départ entre ce que j'imagine et ce qui a vraiment existé.

— Des zones entières vont s'éclairer.

— Ce n'est pas la lumière qui fait défaut; au contraire, elle m'éblouit jusqu'à me rendre aveugle. »

Il fait nuit. Dans leurs chambres, les détenus partent à la recherche du sommeil et de leurs vies antérieures. Le repos est lent à venir quand les jours sont vides et que ni les souvenirs ni les espoirs ne pallient l'ennui. Alors les hommes tirent en vain les draps sur leurs têtes pour faire en eux l'obscurité. Ils ont beau fermer les yeux et les oreilles, l'inquiétude brûle; de jour et de nuit, elle éclaire la table rase de l'oubli. Dans leurs rêves, ils n'en finissent pas de parcourir des plaines immémoriales où l'érosion a écorché la chair, où il ne reste que l'os à nu, infertiles à jamais.

Assis sur des chaises métalliques qui grincent au moindre mouvement, les gardiens jouent aux cartes et la lumière des néons leur fait la peau verte et des cernes profonds sous les yeux. Quand Joden et Arihméleb passent devant eux, les hommes vêtus de blanc ne leur jettent pas le moindre regard, mais ils se mettent soudain à chuchoter. Parfois, durant la journée, il arrive que des détenus essaient sur eux des insultes auxquelles les gardiens s'abstiennent toujours de répondre; pour leur part Joden et Arihméleb préfèrent l'indifférence.

« Progressivement, les choses s'améliorent, affirment Arihméleb. Des pans de murs entiers se reconstruisent. On dirait que le mal décroît.

— Le mal? Quel mal?

— Pourquoi lui donner un nom? Nous le connaissons trop bien sans cela.

— Ce n'est pas un mot que je veux, proteste Joden, mais essayer de comprendre.

— Bien sûr, bien sûr, répond Arihméleb qui s'est arrêté pour lui faire face maintenant. Je suis presque certain que ce mal nous ne le comprendrons tout à fait que lorsque nous l'aurons chassé de nous. En attendant, il faut marcher pas à pas et résister à la tentation de relever la tête pour accommoder sur l'infini. Qu'importe l'horizon, si je ne dois jamais l'atteindre! »

Sur les contreforts à l'arrière du village, il y a une tour métallique qui surplombe l'hémicycle des maisons et de la mer. C'est la seule construction récente et la rouille n'a pas encore entamé sa carcasse. De nuit, elle envoie de longs faisceaux lumineux qui balaient l'espace à intervalles réguliers. Dans le village soudain incendié par cette lumière qui s'ajoute aux orbes livides des néons, un midi infernal fait danser les ombres.

« Vous prêchez la soumission, n'est-ce pas? interroge Joden à l'instant où le faisceau l'atteint en plein visage et lui arrache une grimace.

— Oh! non. Simplement, je dis qu'il faut éviter la révolte puisqu'elle est inutile, réplique Arihméleb dont le teint plombé est devenu d'une blancheur cireuse. Ils ont la force et nous sommes démunis. Le combat se déroule à l'intérieur de nous-mêmes : un travail de taupe, jour après jour. Le plus difficile, c'est justement de ne pas regarder au-delà du jour qui commence. Le lendemain arrivera bien sans nous, tandis que les années passées ont besoin de notre aide pour revivre. En admettant que nous trouvions le moyen de fuir, et cela est invraisemblable puisqu'il y a de fortes chances pour que nous soyons sur une île et que chaque falaise, chaque crique soit surveillée, mais en admettant que nous échappions à leur surveillance, qu'emporterions-nous pour le voyage ? Une peau vieillie, un visage déjà ridé, l'apparence de ceux qui ont vécu alors que notre esprit demeure neuf. Notre histoire est illisible pour l'instant, mais elle existe, et, dès que nous serons capables de la déchiffrer, nous pourrons penser à fuir.

Joden et Arihméleb ont repris leur marche. Le faisceau lumineux s'est éloigné et il n'y a plus que les néons pour dessiner les cernes des hommes, enfoncer les méplats des joues et bafouer les chairs. Cette nuit de l'artifice révèle un univers en creux, et, dans les alvéoles de l'ancien moule, il est impossible de deviner ce qui fut.

« Nous n'avons plus que la forme, soupire Joden. Parfois j'ai peur qu'en me cognant, toc, je tombe en poussière. »

Il fait mine de donner un coup de poing à Arihméleb et ajoute, ironique : « Toc, en poussière, notre ami Arihméleb. » L'autre ne bronche pas.

« Qui peut m'assurer, reprend Joden, que ma vie vaut la peine que je me souvienne d'elle ? Et si moi, j'en désirais une autre ? Nous sommes nombreux ici à penser que nous faisons le jeu des gardiens en nous acharnant à gratter nos têtes vides.

« — Je ne cherche pas l'approbation générale, répond Arihméleb avec un sourire modeste que dément la fierté de son regard. Vous pouvez avoir une attitude différente, vous pouvez même renier votre histoire.

— Ce n'est pas moi qui la renie, c'est elle qui m'a chassé de ma peau.

— Je sais, je sais... »

Ils sont arrivés sur la plage. Dans le nid d'un rocher, un couple de chats fait l'amour. Joden croit reconnaître le petit chat tigré d'Eware.

« Ne craignez rien, reprend Arihméleb, je suis certain que votre vie passée ne peut que vous satisfaire.

— Comment le savez-vous ? »

Les allures guindées et le ton prophétique d'Arihméleb irritent Joden.

« L'intuition, peut-être. Je vous sens idéaliste et prêt à aller jusqu'au bout.

— Le bout, c'est ici ?

— Non, seulement une étape.

— Et vous, Arihméleb, qu'étiez-vous autrefois ? Prêtre ou juge ?

— Je ne l'ai pas encore découvert. A vous de choisir. »

Choisir. Le mot sonne étrangement. Comme s'il était possible de choisir ! Quand Joden écrit sur la feuille de papier que lui a donnée le gardien, il lui arrive de chercher très longtemps une phrase, une expression, et, au moment où elle surgit enfin, il n'a pas le sentiment de l'avoir vraiment choisie. Peut-être l'a-t-il déjà entendue et même écrite. Il lui semble qu'au lieu de marquer chaque jour une nouvelle entaille dans le bois de la table, sa main dérape malgré lui et n'en finit pas d'approfondir la première encoche. Alors le vertige brise le mot, casse la phrase, et Joden tente en vain de mettre ses pas dans ceux d'un individu qui fuit.

« Est-ce nos crimes ou notre courage qui ont fait de nous des prisonniers ? interroge Joden. Est-ce que ça vous plairait, Arihméleb, une vie antérieure couronnée d'un de ces crimes superbes qui vous condamne à mort mais aussi à cette sorte de survie que nous connaissons ici, une survie par-delà la mort ? »

Joden aimerait qu'Arihméleb abandonnât un instant sa belle assurance, et que, sous la carapace des mots, et la rigidité de la pensée, se glissât le doute. S'il pouvait avouer sa souffrance et accepter d'être l'homme blessé, l'homme vulnérable qu'il est en vérité, alors il deviendrait son semblable et la moindre de ses paroles serait plus émouvante que toutes les prophéties. N'a-t-il pas entendu le cri d'Oba ? Ne sent-il pas cette éternité de beau temps peser sur l'île ? Quand émergerons-nous des limbes marines ? Le faisceau lumineux rythme la nuit et inquiète le silence.

« Crime ou bien courage ? interroge à son tour Arihméleb. Peu importe. Si la condamnation est exceptionnelle, c'est que l'acte le fut aussi. Voilà ce qui doit être considéré. Vous voyez, je m'abstiens de juger, ajoute-t-il en se rengorgeant d'avoir trouvé la parade aux attaques de Joden.

— Exceptionnel ! Vous en avez plein la bouche de ce mot-là. Exceptionnel ! Arihméleb, l'exceptionnel n'aide pas à vivre. Je vous donne volontiers l'exceptionnel, mais en échange, rendez-moi l'ordinaire. Rendez-moi les rires, la peau des femmes et même les petits chagrins qui nous rappellent que nous ne sommes pas morts. Arihméleb, il y a loin de nous, très loin de nous, des gens qui ignorent jusqu'à notre existence et qui se foutent de l'exceptionnel. Je voudrais être l'un de ces hommes et me blottir dans ma lâcheté avec des enfants plein les bras et des chemins qui ne mènent ni à la gloire ni à la mort. Dans ma jeunesse, je ne pensais qu'aux voyages, maintenant je rêve de l'ombre d'une véranda où je passerais ma vie assis sur mon cul à peler des fruits et à écouter les voix de quatre ou cinq personnes que j'aimerais.

— Laissez-vous aller, Joden, puisque c'est votre manière de remonter le temps et elle en vaut une autre.

— Je ne dis pas que j'ai été cet homme assis, je dis que maintenant je voudrais lui ressembler, mais sans doute est-il trop tard. J'imagine, je ne me souviens pas.

— Croyez-vous que l'imagination ne se serve pas de souvenirs ? »

Joden s'est accroupi, et, dans le sable, autour de ses deux pieds joints, il dessine un cercle du doigt.

« C'est ici qu'Oba a crié, dit-il, et c'est la seule chose qui me paraît réelle. »

Il se dresse face à la nuit et aux vagues. Ses bras se tendent au-dessus de sa tête, ses yeux fixent le miroitement lointain de la mer qui gonfle sous la lune comme un ventre de femme. Les tendons et les veines saillent à son cou maigre, tandis que sa bouche s'ouvre mais reste muette. Le cri de Joden ne franchit pas sa gorge et cet appel muet épaissit le silence. Immobile au centre du cercle, il se déshabille et jette ses vêtements à terre. Arihméleb n'a plus envie de parler; il rentre les épaules et un frisson parcourt son corps comme si l'humidité de la nuit le pénétrait d'un coup.

Nu, Joden court vers la vague qui monte bientôt le long de ses jambes. Dans cette mer, depuis toujours souhaitée, sa peau s'immerge et ses rides se déplissent comme s'ouvre dans le ciel l'aile du migrateur. Il se souvient des mots d'Arihméleb : « Qu'importe l'horizon, si je ne dois jamais l'atteindre. » Dans la nuit lunaire, il n'y a plus de lointains, tout juste un scintillement fantasque comme un point de fuite.

La mer retient son haleine; immobile et noire, elle est la grande dévoreuse. Joden nage vers le large, et, à chaque fois que l'un de ses bras frôle son oreille et va chercher l'eau au loin, dans un effort violent, il mobilise toute son énergie pour se projeter en avant. Peu à peu, son acharnement semble venir à bout des distances, il n'a plus le sentiment d'une lenteur irrémédiable;

47

tout au contraire, son corps est comme tiré par un aimant d'une étrange puissance et Joden n'a qu'à se laisser aller sur son erre.

Sa respiration se fait de plus en plus calme et le rythme régulier de ses bras et de ses jambes transmet à tout son être une sorte de sérénité. Le liquide séreux glisse sur sa peau. Le sel brûle ses yeux et il a contre son palais le goût des forêts sous-marines. C'est à peine s'il songe à fuir; il a oublié l'horreur du monde qu'il laisse derrière lui, et pas une seule fois il ne se retourne pour lui jeter un dernier regard.

Il se soumet au fil qui le tire vers le large. C'est une force à laquelle on ne résiste pas. Même les courants marins qui ramènent vers le village des algues et des déchets de toutes sortes, ne peuvent s'opposer à elle. Venue du bout de l'horizon, elle a parcouru l'immense plaine cadencée par la respiration des eaux, elle a rencontré des épaves de bois, de chair et d'acier, mais c'est Joden qu'elle a choisi d'attirer vers ce point inaccessible que les hommes d'autrefois appelaient le rebord du monde et où ils croyaient que l'univers s'anéantissait.

Il revoit la femme au balai de brindilles qui riait en caressant Mérak et l'écume dessine sa grosse croupe blanche à l'odeur moite. Pourquoi n'est-elle pas revenue les matins suivants? Pourquoi ne s'est-elle pas jetée sur le lit dans l'énorme froissement de ses étoffes? Ses gencives étaient rouges, et, à chaque souffle, l'amulette pendue au collier de pacotille se soulevait sur sa gorge comme le radeau sur la vague. Elle riait la femme sans nom. Quand les mots, rares et incompréhensibles, sortaient de sa bouche, ils avaient le rythme profond des chants imaginaires.

Joden écarte les fesses de la femme et respire son odeur. Il se souvient. Il se souvient d'autres lits et d'autres matins. Elle avait le même âge que lui, vingt ans peut-être, et il aimait ses longues jambes de garçon et la cambrure de sa taille. Ils étaient amants et frères, et

48

les mots pour eux sonnaient clair comme l'évidence. Est-ce la mémoire qui rend plus belles les anciennes étreintes? La chair était transparente mais aussi juteuse comme la tige du cactus. Ils étaient égaux et elle s'appelait Agna. Agna, le premier prénom de femme dont Joden se souvienne, le seul. Agna parlait des heures et des heures et Joden l'écoutait en caressant son ventre étroit. Elle disait ce qu'il aurait aimé dire. Elle était sa bouche et son rire et sa flamme, elle était lui, et, comme deux jumeaux, ils se combattaient sans être distincts l'un de l'autre. Quand elle se coulait dans le sommeil, une mort très lente l'envahissait lui aussi. Agna lui avait appris à ne pas craindre les départs. Ensemble, ils poursuivaient le pèlerinage en rêvant de ne jamais revenir.

Il revoit les gencives rouges de la paysanne dont la salive mouille le ciel entier. C'est toujours la même vague qui survient du fond de l'horizon et c'est toujours la même femme contre laquelle il se glisse et qu'il pénètre encore et encore.

La faisceau balaie la mer, mais, au lieu de poursuivre sa course, il fait marche arrière, puis oscille lentement d'une falaise à l'autre avant de s'immobiliser au milieu de la baie. La sirène pousse son cri fabuleux dans la nuit de l'île et ses aigus grimpent jusqu'à la stridence, tandis que les rais de lumière forcent l'obscurité et emprisonnent déjà les membres du fuyard. Joden se souvient de l'instant où il a quitté le corps de la femme et de tous ces regards qui l'ont alors cerné. Il n'y avait que des yeux, des yeux sans visage, qui s'accrochaient à sa peau comme les mollusques abandonnés par la marée se collent aux rochers. La croupe blanche. Leurs regards. La bave de leurs yeux. L'odeur de poussière dans les plis de la jupe grise. Au seuil de la porte, l'œil mou et humide...

Joden est épuisé quand la vedette arrive à sa hauteur. La sirène gueule et la vague cabrée déferle. Tant de bruit et tant de lumière, pour un seul homme. L'eau entre en lui et la houle l'enferme.

Les gardiens ont assommé Joden et traîné son corps sur le pont du bateau. Alors la sirène s'est tue si brutalement que le silence lui-même a paru coupant. Puis, le faisceau a balayé de nouveau les lames de schiste et l'hémicycle du village. Quand Joden a rouvert les yeux, il était allongé dans sa chambre. Serrant leur chat contre leur poitrine, Arihméleb, Eware et deux ou trois autres détenus, comme fossilisés dans l'attitude du sommeil, entouraient son lit.

« Tu es un fameux nageur ! s'est exclamé Eware, le petit rouquin jovial. C'est toi qui es allé le plus loin. Oba, il y a un an, s'est fatigué avant la sortie de la baie. Quant à moi, quelques semaines plus tôt, j'ai bu le bouillon à cent brasses de la plage. Un fameux nageur, Joden ! »

Ils ont tous opiné de la tête, et, dans la demi-obscurité, la prunelle de leurs chats brillait comme les pierres sur le pectoral du grand prêtre.

L'HOMME est mince, avec de petites lèvres serrées et un regard ironique. Il est vêtu d'un costume beige clair dont l'élégance paraît insolite dans un tel lieu. La beauté de l'étoffe, le pli impeccable du pantalon, la coupe ajustée de la veste, tout dans sa mise indique jusqu'à la provocation qu'il appartient à un monde qui n'a rien de commun avec celui des détenus. Deux gardiens lui font escorte à travers le village. Ils portent un coffre métallique fermé par trois grosses serrures. De temps en temps, l'homme se retourne pour s'assurer de la présence du coffre et les deux porteurs lui répondent d'un sourire obséquieux.

Il s'arrête au bord de la plage, juste à la limite des sables, comme s'il craignait de maculer ses chaussures blanches. Aussitôt les gardiens se précipitent vers la petite maison rose toute proche dont les fenêtres et la porte sont restées fermées jusque-là. Ils en rapportent un gros fauteuil de velours vert dont ils tapotent le siège et le dossier pour en faire sortir la poussière.

« S'il vous plaît, docteur », dit le plus vieux des gardiens, et, d'un geste un peu guindé, il invite le visiteur à s'asseoir.

Le docteur fait signe aux gardiens de déposer le coffre à ses pieds. De la main, il en caresse les serrures comme on flatte le dos d'un animal, et ses lèvres esquissent un sourire. Soudain détendu, il s'enfonce dans le fauteuil aux couleurs passées dont on ne se sert que pour des occasions exceptionnelles, et, les jambes croisées, il allume un cigare. Les gardiens sont restés debout autour de lui. D'un geste négligent, il leur fait signe de se pousser afin de ne pas lui cacher la mer, ni le soleil.

Par petits groupes, les détenus vont et viennent sur la plage à pas comptés comme s'ils prenaient la mesure de leur prison à ciel ouvert. Ils trottent menu, ces jeunes vieillards qui s'inventent un passé glorieux. L'un fut amiral, l'autre gouverneur de plusieurs provinces. Quant au grand brun, Dom Juan n'était rien auprès de lui, aussi les maris jaloux le firent-ils arrêter. Le plus jeune enfin, au doux regard vert, se veut hérétique.

« C'est faux, proteste un barbu vêtu d'un vieux slip. Ce n'est pas toi. Tu te contentes de répéter ce que j'ai dit hier soir. Ce titre m'appartient. J'ai prêché la croisade et les fidèles sont sortis des églises. C'est pour cela que les prêtres se sont emparés de moi et qu'ils m'ont torturé.

« C'est moi, l'hérétique », répète-t-il en s'adressant cette fois au jeune docteur qui tète son cigare d'un air serein. Le détenu s'approche du fauteuil vert et se frappe la poitrine avec conviction : « C'est moi, c'est moi, c'est moi... » Les gardiens s'apprêtent à intervenir, mais le docteur, d'une voix dure qui contraste avec son attitude nonchalante, leur ordonne de ne pas bouger.

« Je vous écoute », dit-il au barbu d'un ton qui se veut amical, et, comme l'autre se tait, il ajoute : « Je suis là pour vous comprendre. Allez, ne craignez rien. Qui êtes-vous ? »

Des deux mains, le barbu cramponne son slip taché par l'eau de mer et le sable. L'étoffe pendouille lamentablement entre ses cuisses maigres.

« Je suis... », commence-t-il, puis il s'interrompt et il

se met à se dandiner d'un pied sur l'autre comme un enfant pris en faute.

« Il est l'hérétique », s'exclament ses compagnons de promenade avec des rires hostiles dont l'ironie se retourne contre eux-mêmes.

Il fait très doux, et, dans le matin encore jeune, les hommes exhibent leurs blessures. Le docteur jette son cigare à demi consumé, et, du pied, l'écrase fébrilement. Sa belle chaussure blanche s'acharne sur le havane et ses yeux restent baissés comme s'ils craignaient soudain d'affronter le regard des détenus.

« Ne laisse pas les autres répondre à ta place », dit-il enfin. Surpris lui-même d'avoir tutoyé le barbu, il ajoute très vite comme pour corriger son erreur : « Je vous ai déjà vu ici; vous êtes sans doute un ancien, n'est-ce pas ? »

L'autre ne bronche pas, mais sa poitrine et son cou deviennent rouge vif. Peu à peu, sa face entière est injectée de sang et la haine fait trembler ses paupières. Serrant convulsivement les poings comme un homme saisi du haut mal, il envoie un long jet de salive qui s'écrase sur le coffre métallique; puis, il s'enfuit en direction de la mer.

« Rentrons », dit le docteur de sa voix de tête, et, avant de se diriger vers la maison rose, il tape ses chaussures l'une contre l'autre pour en décoller le sable humide.

Flanqué de deux gardiens, Joden est assis sur un petit tabouret bancal dont les oscillations accompagnent le moindre de ses mouvements et renforcent son sentiment d'insécurité. Le siège se dérobe sous lui comme dans ses cauchemars la marche de l'escalier.

« La nourriture vous paraît-elle satisfaisante ? interroge l'homme au costume beige, carré dans son trône de velours.

« — C'est pour me demander cela que vous m'avez fait venir ? »

Comme le docteur ne répond pas, Joden ajoute : « La nourriture ? Je ne suis pas un connaisseur, vous savez.

— Je sais. »

Le coffre est ouvert. De manière curieuse — est-ce à cause de son poids ? — il n'est pas posé sur le bureau, mais juste aux pieds du docteur, qui, de temps en temps, se penche pour le frôler du bout des doigts comme s'il avait besoin de ce contact.

« Comment vous sentez-vous ?

— Très bien, docteur. Et vous ? Le cadre vous plaît-il ?

— Superbe. Je n'ai jamais pu vivre loin de la mer. A l'école déjà, je trouvais des allures monstrueuses aux pays qui ne possédaient pas de façade maritime et il m'était impossible de retenir le tracé de leurs frontières.

— Vous aviez des ennuis avec votre mémoire, docteur ?

— Je vous demanderai... » commence-t-il. Ses lèvres se pincent en un petit rictus ironique qui le vieillit soudain et il se penche de nouveau vers le coffre, attribut de son pouvoir. Cette fois, sa tête disparaît presque entièrement derrière le bureau. Puis, il se relève, les traits détendus, le regard brillant.

« Nous y voilà », marmonne-t-il en parcourant du regard la fiche qu'il vient de sortir du coffre. C'est une feuille cartonnée banale qu'il tient de manière que Joden n'en voie que le verso entièrement vierge. Les petits yeux jaunes du docteur vont de la fiche au visage de l'homme qu'il a devant lui, comme on compare une photo à la personne réelle qui y est représentée. Aller-retour. Joden se balance sur son tabouret. Le regard décoloré le fouille, puis le quitte à nouveau pour déchiffrer les signes cachés.

Alors soudain, Joden comprend. Là, de l'autre côté

54

de la feuille, juste à portée de main, sa vie est inscrite. Il bondit vers le bureau, mais les deux gardiens aux aguets se précipitent sur lui et l'obligent à se rasseoir. Une main posée sur chacune de ses épaules, ils restent à ses côtés. Les traits du docteur se sont crispés et il a réprimé un geste de recul pour bien montrer qu'il est maître de la situation.

La poigne des gardiens pèse sur Joden qui tremble de colère.

« Soyez sage, je suis là pour vous aider.

— Ne jouez pas, docteur, vous n'en avez pas le droit.

— Le droit ? reprend-il de sa petite voix aigre d'où toute spontanéité a été bannie. Il est un peu tard pour vous préoccuper de la légalité. »

Seul un petit reniflement à la fin de chaque phrase trahit sa nervosité, mais ses yeux clairs ne cillent jamais, comme si l'homme s'était exercé à la fixité afin de mieux prendre son interlocuteur au piège de son regard.

Joden se souvient d'un rêve qu'il a fait bien des fois depuis qu'il est captif et qui est peut-être même antérieur à sa détention, un de ces rêves dont les terreurs établissent un lien entre l'enfant et l'adulte. Au bas d'un chemin en pente raide, un ours le regarde derrière les grilles de sa cage. Fasciné, Joden s'approche de l'animal qui, d'un formidable coup de patte, fauche sa tête et joue avec elle comme avec une balle. L'ours fait même le geste de la lui renvoyer. C'est toujours lorsque son corps décapité tend les bras pour récupérer son chef que Joden s'éveille.

« Croyez-moi, reprend le docteur en tapotant de l'index la fiche cartonnée, vous n'obtiendrez rien par la force ou par la ruse. Je suis là pour vous soigner et vous devez me faire confiance. »

Est-il possible que cet homme en sache infiniment plus long que lui sur sa vie ? Joden essaie de calmer sa colère, tandis que l'autre pianote sur la fiche. Le crépitement des ongles contre le carton. Jusqu'à la provocation...

Le docteur parle et ne dit rien. Il veut soigner Joden, prétend-il. Mais de quoi ? Chacune de ses réponses est évasive. Quand Joden lui demande pour la seconde fois, s'il a été victime d'une maladie, d'un accident, ou bien si tout simplement il a été mis en pièces par un de ces médecins qui ne craignent pas de faire joujou avec la cervelle des vivants, l'autre sourit de sa petite bouche narquoise, mais, dans ses yeux trop clairs, la pupille s'étrécit comme si une lumière brutale affolait soudain le regard. Alors Joden enfonce la lame encore un peu plus profondément et il tranche dans les chairs à force de mots. La prunelle devient minuscule. Un point sombre dans l'orbe jaune. L'œil se rétracte pour mieux éviter le coup, mais les paupières refusent toujours de se baisser sur ce regard aveugle.

De sa main restée libre, le docteur déboutonne sa veste et sa chemise. Sur son long cou maigre que déchire une pomme d'Adam saillante, la sueur dégouline et la peau paraît soudain ne plus pouvoir supporter le contact des étoffes. Il a éprouvé la même gêne tout à l'heure sur la plage quand le détenu l'a pris à partie et lui a craché sa haine. On dirait que ni son beau costume ni le coffre métallique qui recèle les lambeaux du passé ne parviennent à le rassurer.

Pourquoi ? interroge Joden. Pourquoi, comme l'encoche qui marque le jour nouveau dans le bois de la table. Pourquoi, comme la blessure qui rend fou l'animal meurtri. Pourquoi et encore pourquoi ? Il n'y a pas de présent et pas d'avenir. L'espace n'est plus qu'une interrogation plus étroite que la pupille de l'homme qui sait. Car il sait et Joden ne le croit pas lorsqu'il fait mine de s'abriter derrière son ignorance.

Pourquoi, dites-moi pourquoi, c'est mon seul remède. Pourquoi me laissez-vous parler puisque vous êtes mon bourreau ? Pourquoi ne me répondez-vous pas puisque vous êtes mon docteur ? Votre parole pourrait seule m'aider. Vous avez fait signe aux deux gardiens de me lâcher, et maintenant, ils sont derrière moi, appuyés contre le mur. Voulez-vous que je m'approche de votre bureau pour que nous murmurions à voix basse ? J'ai le sentiment que la présence de ces deux hommes pèse sur vous tout autant que sur moi, et, si vous ne connaissez pas leurs poignes sur vos épaules, vous éprouvez à cet instant même un malaise qui n'est pas dû seulement à mes questions. C'est eux qui vous contraignent au silence, c'est eux qui font de vous le bourreau. Pourquoi accepter ?

Vous avez déjà vieilli depuis que vous êtes parmi nous. Que reste-t-il du beau gandin sanglé dans son costume impeccable ? Vos cheveux tombent sur votre front par petites mèches grasses. Votre peau suinte ; elle est blanche et molle comme celle des méduses que les courants marins charrient jusqu'à la plage. Votre chemise colle. La sueur délave les anciennes élégances, et, sur votre trône vert, vous vous rabougrissez comme un vieil enfant. Vous êtes fait, monsieur le docteur ! Vous aviez cru pouvoir nous visiter impunément, et puis il y a eu ce crachat sur vos belles chaussures neuves et toute cette mauvaise transpiration qui s'écoule par vos pores avec une odeur nauséeuse. Alors vous avez honte de nous, de ce que vous avez fait de nous. Les choses vont devenir plus difficiles pour vous maintenant, car vous nous avez vus et l'envie de jouer avec nos vies vous a soudain quitté. Je ne voudrais pas être vous, monsieur le docteur, et tant pis si je paie mon refus au prix fort. Je ne voudrais pas...

« Joden, il faut espérer. »

D'une voix feutrée, vous avez dit cela. En chuchotant presque. Sans doute pour que les muets ne puissent pas happer en chemin les mots que vous me destiniez. Et vous m'avez appelé Joden, comme tout à l'heure sur la plage, vous avez brusquement tutoyé le détenu qui vous prenait à partie. Espérer. Espérer. Vous parlez à la manière d'Arihméleb. Il n'était pas nécessaire de faire un si long voyage et de mettre à mal votre costume pour me dire ça. Vous ajoutez que la route sera longue mais qu'elle aura une fin. Laquelle? La vie reprendra et ce sera exactement comme s'il ne s'était rien passé, dites-vous. Mais il ne s'est rien passé.

Vous avez plongé de nouveau sous le bureau pour ranger soigneusement ma fiche dans le coffre. Elle vous brûlait les doigts depuis un moment. Fini le pianotage amusé. Vous évitiez même de la regarder; ce passé réduit à quelques signes, cette dessiccation de la mémoire vivante était trop obscène. Alors vous avez fait disparaître mon histoire dans votre poubelle à serrures. Pour un peu, vous vous seriez assis sur le coffre pour mieux en assurer la fermeture.

« Vous verrez, les souvenirs reviennent. De plus en plus précis, de plus en plus nombreux, affirmez-vous et c'est un peu à vous-même que vous vous adressez. Et si moi, je ne voulais pas me contenter du passé? Je n'ai rien à faire de vos nostalgies. Il est trop tôt. Trop tôt. Je ne suis pas un vieillard.

— Vous êtes sur la bonne voie, dites-vous d'un air patelin. C'est tout juste si vous ne promettez pas de m'accompagner. Vos petits yeux jaunes sont redevenus mobiles et presque compatissants. Méfiez-vous, docteur, de ne pas sortir de votre rôle, nous sommes observés.

— Vous devez surmonter cette épreuve. Pensez à ceux qui vous attendent.

— À qui? »

Des noms, docteur. Des visages. N'êtes-vous là que pour me torturer? Pensez à ceux qui vous attendent. Comment osez-vous dire cela? Vous m'avez jeté votre pitié à la figure pour mieux ensuite me livrer à la fantasmagorie des êtres sans contours. Ils sont là avec leurs regards vides et leurs bouches sans lèvres; ils

58

murmurent et je n'entends pas un seul de leurs mots. Je m'approche d'eux et ils reculent. Docteur, qui sont-ils? Vous ne répondez pas. Ce n'est ni votre bureau ni la poigne des gardiens qui nous sépare. Vous êtes de l'autre côté, docteur, avec ceux qui m'attendent et mes mots ne peuvent plus vous atteindre.

« Amenez le suivant. »

Vous m'avez tendu votre belle main et je ne l'ai pas saisie. Entre nos deux corps, il y avait un espace infranchissable et j'ai cru voir l'air vibrer comme à midi sur les sables. Les gardiens m'ont poussé hors de la maison rose. Dehors, je crois bien qu'il faisait encore plus chaud.

Ceux qui vous attendent. Ceux qui vous attendent. Des jours et des semaines, les mots ont torturé Joden. Etaient-ils hommes ou femmes, vieux ou enfants, ceux dont la pensée le reliait à l'autre monde. Chez eux, faisait-il jour ou nuit? Parfois il soupçonnait le docteur d'avoir abusé de sa crédulité et il regrettait la solitude de la première chambre où il s'était éveillé il y avait plusieurs mois. Là-bas, le silence semblait étanche. Quand, le soir, le vent charriait de lointaines chansons que Joden fredonnait, tout surpris d'en connaître les refrains, ces musiques lui paraissaient être les fruits imaginaires de son esprit. Le monde n'existait plus, il pouvait le reconstruire à sa guise; et tant pis s'il était blanc et atone, ses sens fatigués n'en demandaient pas davantage.

Depuis son arrivée au village — il se rappelle son premier regard sur les maisons aux ocres juteuses —, il n'était plus un homme seul dans un monde désert; son aventure devenait banale. D'autres l'avaient vécu, d'autres la vivraient. Ils avaient tous la cervelle vide et un chat qui les suivait comme leur ombre. Ils avaient des désirs et des songes, et puis des révoltes sans lendemain, comme lui. Ils étaient semblables jusqu'au vertige. Des pions sur un échiquier que des joueurs manipulaient à distance. Joden avait alors compris que son imagination était impuissante, le monde pouvait très bien exister sans lui. Il ne lui restait plus qu'à déchiffrer ce qu'il n'avait pas choisi.

Ceux qui vous attendent. Le docteur avait parlé, et, de tout ce qu'il avait dit, Joden n'avait retenu que ces mots-là : « Ceux qui vous attendent. » Il y avait donc un autre monde, sans barbelés peut-être, où l'on vivait, où l'on vieillissait, où l'on naissait même, un autre monde qui continuait vaille que vaille. Et, dans ce grouillement, sa place était marquée en creux par le désir de ceux qui l'attendaient.

Sa place. Dans la chambre de l'intérieur, sa place était la diagonale du lit. Aujourd'hui c'est cette maison, parmi les autres maisons de détenus, dans ce village aux couleurs fruitées. Et demain, sa place sera préparée par les bons soins de ceux qui l'attendent et par tout ce qu'ils auront tissé autour de lui pendant son absence.

Pour la première fois, Joden envisageait un avenir possible hors de l'enceinte surveillée, et il ne s'en trouvait pas plus heureux. Il lui semblait qu'ailleurs seules les dimensions de sa prison seraient modifiées. Là-bas, tout comme ici, d'autres choisiraient pour lui bien avant son arrivée. Il en était certain. Non qu'il inventât des visages ennemis à ceux qui l'attendaient, mais le fait même qu'ils pussent se servir de lui dans leurs souvenirs et leurs projets l'enfonçait encore plus profondément dans son impuissance.

Quand il cherchait à donner une identité à ces visages, son abattement cessait un peu, comme si, à travers l'écran d'ignorance, quelque vibration plus tendre parvenait jusqu'à lui. Oui, c'était bien de tendresse qu'il s'agissait. Parfois, il disait le mot à haute voix : tendresse, ce mot dont les sonorités contenaient déjà la signification. Tendresse. Il l'écrivait aussi dans les recoins de la feuille de papier que le gardien lui avait donnée. Et c'était le visage d'Agna qu'il entrevoyait. Agna qui avait surgi de la vague lorsqu'il nageait vers les confins de la nuit. Agna avec sa longue chevelure de noyée. Agna, tout engloutie par le sommeil et qui souriait encore.

Pour lui, elle quittait la mer et la nuit, et, soudain riveraine, elle n'était que tendresse. Qui était-elle? Il ne le savait pas et il préférait éviter les questions trop précises de crainte que l'image ne disparût. Il aimait presque la trahison de sa mémoire qui donnait à Agna ce contour imprécis des êtres trop proches que l'on ne songe plus à détailler.

Autour d'elle, les sensations se multipliaient. N'avaient-ils pas connu ensemble les grands froids aux doigts gourds et les canicules où l'on suffoque dans l'espoir d'une sieste? La ville était partagée entre le gel et la chaleur torride; de l'une à l'autre, pas de rémission. L'été, ils jouaient aux dés dans les cours intérieures en buvant du thé glacé. L'hiver, ils tendaient leurs mains vers les braseros. Mais toute l'année, la ville était blanche. Blanc de la neige et du givre. Blancheur des murs sous le soleil au zénith. Et, parmi tout ce blanc, tantôt le rougeoiement des feux aux coins des rues, tantôt l'éclosion des flamboyants et des kleinias dans les jardins et les parcs.

Agna habite de plus en plus souvent ses rêves. Ses métamorphoses sont inattendues, mais Joden sait qu'il s'agit toujours de la même femme. Cette nuit, il tourne très longtemps dans son lit avant de s'endormir. Il sent qu'elle peut ne pas venir, ou que, si elle parvient à triompher enfin de l'espace et du temps, elle aura un visage inattendu.

Elle arrive habillée d'un corsage aux dentelles bises

et d'une jupe sombre qui lui descend jusqu'aux mollets. L'étroitesse du vêtement entrave ses jambes, et, pour monter l'escalier, elle est obligée de se tenir à la rampe et de poser le pied dans l'oblique des marches. Elle progresse avec lenteur et son corps se déhanche à chaque pas.

Le tapis rouge la conduit au troisième étage où elle s'arrête devant une immense porte de chêne dont le linteau de pierre est orné d'anges joufflus. Sur une plaque en or, des lettres gothiques finement ciselées indiquent le nom et la profession du maître des lieux.

Il n'y a pas de sonnette. A peine Agna s'est-elle immobilisée, le corps empesé par l'attente, que le double vantail s'ouvre devant elle. Joden l'accueille dans le vestibule. Car c'est lui, c'est Joden, ce grand homme blond au corps engoncé dans un costume noir. Il n'a ni son visage ni ses gestes, sa voix même paraît changée, et pourtant, il sait de toute évidence qu'il est cet homme qui dit d'un ton solennel :

« Entrez, je vous prie. Votre tour est venu. »

Il lui fait signe de le suivre et les vantaux de chêne se referment dès qu'Agna franchit le seuil. L'appartement est vide. Aucun meuble, aucune tenture. Les chaussures vernies de Joden craquent à chaque pas, tandis que le trottinement aigu d'Agna le poursuit. Ils arrivent dans une pièce toute blanche où cinq hommes vêtus comme Joden de costumes noirs et élimés gratifient Agna d'un baisemain.

Au centre de la pièce, un lit est éclairé par un énorme projecteur qui diffuse une lumière blafarde. Sans que les hommes aient besoin de lui en intimer l'ordre, Agna qui semble connaître son rôle, se déshabille et s'allonge sur le petit lit, plus étroit qu'une paillasse d'hôpital. Joden et les cinq hommes se tiennent en silence autour d'elle. Rien ne bouge. On entend le cri des gamins qui jouent à la balle dans la cour de l'immeuble. Les secondes et les minutes passent.

62

« Soyez patiente; il va venir », murmure Joden.

En effet, il arrive. Il porte une grande blouse blanche à manches longues et des espadrilles, blanches elles aussi. Il se déplace sans faire craquer le plancher et Agna dont les yeux n'ont pas cessé de fixer le plafond n'a pu l'entendre entrer. « Bonjour, docteur », dit-elle pourtant d'une petite voix presque enfantine. L'autre ne répond pas. Il s'arrête au pied du lit, et, empoignant les jambes d'Agna, il fait glisser son corps vers lui. Puis, il dénoue la ceinture de sa blouse et il commence à besogner la jeune femme. Soudain, il se retire d'elle, et, d'une voix aigre, les lèvres pincées par la colère : « Trop large », s'exclame-t-il. Aussitôt, l'un des hommes en noir sort de la pièce; le docteur et les autres attendent sans bouger. Il revient tenant un tube à essai dans lequel trois abeilles grésillent. Les hommes en noir immobilisent Agna, tandis qu'il enfonce le tube dans le sexe de la jeune femme avant de libérer les abeilles.

Elle hurle. Entre ses cris, parviennent les braillements des enfants qui jouent dans la cour : « Vas-y! Vas-y! Plus fort! » La balle claque contre le mur et rebondit contre leurs paumes. Agna se tord sous la lumière blanche et Joden la regarde sans rien ressentir. Ni plaisir ni souffrance. Il est un voyeur privé de vie, et, de toutes ses forces, il cramponne le bras d'Agna qui tressaute comme sillonné par des décharges électriques. Au plus profond de la douleur, elle prononce quelques syllabes indistinctes d'une voix sépulcrale qui paraît ne pas être la sienne. Ces accents horribles émeuvent enfin les hommes qui se tournent vers le docteur avec inquiétude.

« Tout est bien », dit-il, et, s'adressant à celui qui a apporté le tube à essai : « Va », ordonne-t-il. L'homme emporte l'objet de torture dont les abeilles se sont échappées.

Agna s'est tue; il n'y a plus que le sifflement de sa respiration et les cris des enfants. Ses paupières sont baissées et sa bouche est fermée sur un rictus douloureux. En proie à une sorte de sommeil hypnotique, elle est inerte, tandis qu'à l'intérieur d'elle le venin fait gonfler les chairs.

De nouveau, le docteur tire à lui le corps d'Agna qu'il pénètre. « Très bien, très bien », dit-il. Les paupières de la jeune femme se sont relevées, mais ses prunelles vitreuses demeurent sans vie. Cet état de prostration est plus terrifiant encore que les cris.

Joden cesse d'être indifférent. Soudain, par un curieux phénomène, une sorte d'échange entre leurs deux corps, il a le pouvoir de ressentir la douleur d'Agna. On dirait que le levain empoisonné monte en lui et que sa peau tendue de sang n'est plus qu'une boursouflure. Dans son ventre, l'abcès palpite comme la gorge d'un pigeon.

Quand l'homme en blouse blanche jouit dans le sexe ravagé d'Agna, Joden lui crache au visage. Très calmement, l'homme s'essuie du revers de la main; puis, s'adressant à ses compagnons toujours engoncés dans leurs costumes sombres : « Allons-nous-en », dit-il d'une voix de tête et ses petits yeux jaunes fixent celui qui a osé l'insulter. A ce moment-là seulement, Joden reconnaît l'homme qui le regarde.

Il est grand, mince, avec de petites lèvres serrées et un regard ironique. Il est l'homme au costume beige et au coffre métallique. Il est l'homme des interrogatoires. Celui qui détient la mémoire des autres. Le docteur.

Le premier nuage apparaît. La veille, les chats ont fait montre d'une nervosité rare comme s'ils pressentaient un cataclysme. Depuis son arrivée, Joden n'a connu qu'un ciel bleu, exempt de tout mélange, un bleu presque compact, impénétrable, que pas un seul oiseau de mer, pas un seul éclair n'est parvenu à trouer. On dirait que d'un bout à l'autre de l'horizon, un écran a été tiré. Aussi, quand, à l'aube, il découvre la survenue du premier nuage, Joden appelle-t-il de tous ses vœux le grand bouleversement qui romprait la monotonie et offrirait aux détenus la possibilité de quelque échappatoire.

Ce n'est d'abord, du côté des terres, qu'un petit floconnement pâle sur lequel se détachent soudain avec un relief saisissant les croisillons d'acier de la tour de guet. Puis, du blanc, le nuage glisse vers les bistres et s'étend, comme une vilaine tache sur un buvard, de la carcasse métallique jusqu'au milieu du ciel. Joden hébété suit du regard cette métamorphose, tandis que lui revient en mémoire des odeurs de terre mouillée. Là-bas, les ancolies vont renaître. Là-bas...

Avec des miaulements de fin du monde, Mérak frotte contre les jambes de Joden sa robe rousse. Il le caresse d'une main distraite et c'est tout juste s'il ose rêver que tout va changer. Oser. Oser. Parfois, il croit se souvenir d'un temps où il savait oser. Où il rassemblait ses forces, où il fermait les yeux et fonçait. D'un temps où il osait à la barbe des autres. Où il osait en dépit des « c'est la vie... On n'y peut rien... Tu sais, ça a toujours été comme ça... » Elles étaient douces, les voix de la résignation et comme voilées par la peur. Joden disait que c'était la peur, mais les autres prétendaient que seule la sagesse assourdissait leurs mots. Et maintenant, quand il rêve de cette véranda où il passerait sa vie assis sur son cul, à peler des fruits et à écouter les êtres aimés, les voix se font de plus en plus tentantes et persuasives. Elles le pénètrent, elles forcent sa résistance à coups menus et répétés, elles coulent dans ses veines et s'en vont engourdir sa tête et son cœur. Ce serait si facile de se laisser aller jusqu'à l'échouage. Qu'y a-t-il de plus doux, de plus tiède que les vases, et de plus enveloppant ?...

Le ciel est gris et les chats se cachent dans les recoins des chambres. Les détenus hument l'air; les plus anciens disent : « Il va pleuvoir », et Joden s'apprête à leur donner raison. Adieu, le cataclysme. Il pleuvra donc, c'est déjà un événement. Il pleuvra et tout sera pareil.

C'est le temps des veuves, pense-t-il. Il revoit la ville à demi morte de chaleur. Depuis plusieurs mois, aucun nuage. Et puis, à l'instant où l'on s'y attendait le moins, une averse rafraîchissait les trottoirs sans les mouiller vraiment. La pluie était de courte durée, mais on savait qu'elle en annonçait d'autres. Dans quelques jours, les hauts plateaux se couvriraient de fleurs et on croyait déjà sentir le parfum de cette éclosion inattendue et éphémère.

Dans la ville, entre deux pluies, les veuves se balançaient dans de petits fauteuils en rotin sur le pas de leurs portes, et c'était, contre les murs blancs, toute une floraison sombre comme agitée par la brise des nostalgies. Des veuves, il en sortait de chaque maison, à croire que tous les hommes avaient été décimés par quelque fléau et qu'il ne restait plus d'eux que leur image portée en médaillon par celles qui avaient été leurs épouses. De très vieilles dames exhibaient, entre leurs gros seins mous, les portraits de jeunes séducteurs, et les générations se mêlaient, ainsi que les vivants et les morts. On l'appelait le temps des veuves, cet instant aux odeurs sourdes, entre deux averses, et les veuves jouissaient du reste de certains privilèges. Elles étaient les seules femmes autorisées à fumer en public.

Joden se souvient de sa mère allumant un long cigare au goût sucré qu'elle fumait les yeux au ciel. Il la revoit dans son fauteuil à bascule. Les narines dilatées, elle dégustait les parfums mêlés du cigare et de l'humus en germination. Ses pommettes se coloraient soudain, et, de sa main gauche, elle jouait avec le médaillon qu'on lui avait passé au cou, à l'instant même où le corps de son mari avait été jeté dans la fosse. Elle aspirait de petites bouffées gourmandes et la sève montait en elle. C'était le temps des veuves.

Joden s'étonne de la précision de ce souvenir. Arihméleb et le docteur auraient-ils raison ? Il sent l'odeur du cigare et il voit toutes les femmes en deuil qui se balancent en fumant et qui jouent du bout des doigts avec leur vie passée. Elles sont pauvres, elles sont veuves, mais il a plu et elles sont presque heureuses. Comme tout cela est proche. Comme tout cela est précieux. Joden croit deviner d'autres images, encore trop floues, mais il sait que leur tour viendra. Le désert n'attend-il pas des années avant de révéler ses fleurs d'après la pluie ?

Dans le village, les détenus guettent l'orage et Joden a laissé Mérak dans la chambre pour partir à la recherche d'Eware. Le petit rouquin est le seul à ne pas se barricader dans sa dignité ou sa démence. Joden aime son air enjoué et la franchise de son regard. Avec lui, inutile de s'inventer un personnage, l'ironie de son sourire détruit vite la fable. Joden éprouve le besoin de sa présence. Tant de rêves, tant d'images se partagent ses pensées qu'il craint les pièges de l'illusion. Il sait que l'excès de solitude favorise les mensonges. La brutalité d'Eware et cette pudeur amicale qui donne plus de force aux silences qu'aux mots lui sont devenus nécessaires.

Joden se dirige vers la maison de son ami. Devant la porte, il y a un groupe d'une dizaine de détenus, au milieu duquel, les cheveux en désordre, Oba gesticule.

« Il s'est enfui, il s'est enfui ! crie-t-il et sa lèvre fendue se retrousse.

— Il n'est pas sur la plage, dit un autre.

— Puisque je vous dis qu'il s'est enfui, insiste Oba.

— Pourtant la sirène est restée silencieuse toute la nuit, fait remarquer Arihméleb.

— Mais il s'est enfui, il s'est enfui ! » s'acharne à répéter Oba.

Trois gardiens se balancent sur leurs chaises. Ils ponctuent par de grands éclats de rire les exclamations d'Oba. Un peu à l'écart, les mâchoires serrées, Joden fixe la porte d'Eware. Les détenus ne possèdent pas les clefs de leurs chambres, Joden est bien payé pour le savoir. Il n'est pas près d'oublier les regards fixés sur lui quand il faisait l'amour avec la femme aux grosses cuisses blanches. Il frappe à la porte, mais il sait déjà que personne ne lui répondra de l'intérieur. Pourtant, les mains en porte-voix, il prononce le nom de son ami.

« Il n'est pas là, Joden. Inutile de te fatiguer, disent les autres.

— Il s'est enfui, il s'est enfui ! » clame toujours Oba, tandis que les gardiens rient. Un des détenus s'est approché d'eux et tente de les interroger. Ils se taisent. Le silence est de rigueur et ils sont parfaitement dressés.

Joden sent grandir en lui quelque chose de mystérieux qui consent d'avance au pire. Cette résignation à la catastrophe l'effraie, mais il ne parvient pas à chasser son goût de sa bouche. Non, Eware ne s'est pas enfui. Il n'a choisi ni son départ ni sa destination. Où est-il? Mort, le petit rouquin, ou bien reclus dans un autre lieu, sous un autre ciel? Etrange similitude de toutes ces vies; là où Eware vient de pénétrer avec son petit félin au pelage tigré, Joden le rejoindra dans quelques semaines, dans quelques mois. On arrive toujours la nuit, avait dit Eware sur la plage, et il avait ajouté en clignant des yeux nerveusement : ils aiment les nuits sans lune, de vrais maniaques!

Cette fois encore, ils n'ont pas failli à la règle. La pluie à venir obscurcissait les cieux quand ils sont entrés dans la chambre d'Eware pour l'emmener. A la teinte de la nuit, il a dû comprendre aussitôt que son destin allait se jouer. Il a serré son chat dans ses bras et il a obéi. Il n'y avait rien d'autre à faire.

Dans quelques jours, sa chambre sera occupée par un autre détenu tout ébloui de solitude que Joden accueillera par ces mots : on arrive toujours la nuit. Le nouveau venu tournera vers lui son visage blême et les phrases glisseront comme l'huile sur sa peau. Les jours passeront et le dernier arrivé deviendra un détenu semblable aux autres. Par un étrange système de vases communicants, à chaque départ correspondra la survenue d'un nouveau prisonnier et le joli village aux ocres juteuses respirera indéfiniment au rythme de ses trente poitrines. La gorge de Joden se serre jusqu'à la nausée devant ce paysage dont le vide n'a d'égal que la parfaite organisation des hommes, et où l'idée même de la mort fait jaillir quelque chose de trop vivant.

Il pleut. L'odeur de la pluie à l'heure méridienne. L'odeur de la pluie entre les murs de chaux vive. Les souvenirs lèvent comme une terre assoiffée. Et si Eware était rendu au monde? Et si Eware parcourait la ville en eau? Un immense parc est au cœur de la cité;

on l'a enfermé derrière des grilles, comme si l'on craignait ses débordements, et déjà quelques branchages et quelques tiges fléchées de crampons forcent l'ancienne enceinte. En sourdine, les racines repoussent les fondations des vieilles bâtisses et des bataillons entiers de jardiniers parviennent difficilement à contenir la progression du végétal. Il pleut sur la jungle prisonnière et les feuilles vernissées brillent comme des armures. Si les hommes connaissent la résignation, les plantes, elles, ne croient qu'à l'élan de leur sève et à leur triomphe en vain différé.

Au centre du parc, les degrés de pierre de l'escalier monumental sont à la taille de quelque géant. Les simples humains ne peuvent les gravir que l'un après l'autre, en se cramponnant des deux mains au gradin supérieur et en s'élevant par la seule force des bras. L'aventure est rendue plus périlleuse encore par le fait que les marches sont lisses comme des galets et qu'une végétation microscopique les rend glissantes. De part et d'autre des paliers, une gigantesque main, sculptée dans la même roche que l'escalier, tient dans sa paume en forme de conque un homme, grandeur nature, qui paraît singulièrement fragile et menacé dans cette poigne dont les doigts semblent prêts à se refermer pour broyer l'intrus.

La répétition à chaque palier de ces mains monstrueuses et les dimensions aberrantes de l'escalier provoquent chez Eware un invincible sentiment de malaise. Est-il certain que sa détention soit terminée ? Ce jardin ne recèle-t-il pas des pièges autrement plus dangereux que ceux des hommes ? La pluie vient de cesser et les gradins de pierre luisent dans l'embellie.

Quand Eware arrive au pied de l'escalier, il voit, surgie d'il ne sait où, une veuve qui se balance dans son fauteuil en rotin. Sous les voiles de deuil, apparaît un visage dont la jeunesse est presque insoutenable dans la tristesse du vêtement. Elle allume un long cigare

sucré et ses yeux — est-ce la fumée ou le chagrin? —
s'embuent aussitôt. Un énorme mancenillier étend sa
ramure de mort jusqu'à elle et le regard de la très
jeune femme brille derrière ses larmes. C'est Agna perdue dans une extase sombre. Eware s'approche d'elle
et découvre dans l'ovale de son médaillon le visage de
Joden.

« Il s'est enfui, il s'est enfui », répète Oba mais personne n'attache d'importance à ce qu'il dit, et, lui-
même, murmure sans conviction ces mots qu'il avait
d'abord criés triomphalement. Il sait, ils savent tous
qu'avant Eware nombre de détenus se sont évanouis
un beau matin. A chaque fois, ils s'en sont émus un
temps; puis, le dernier départ s'est inscrit parmi les
autres absences, et, entre eux, bien vite ils ont évité de
mentionner le nom du disparu, tout comme ils ont rayé
de leur vocabulaire le mot oubli.

Non, Eware ne parcourt pas la cité et son parc.
Eware n'est pas rendu au monde. Joden voudrait chasser cette illusion de son esprit. Comment faire la part
du souvenir et celle de l'imaginaire? Cette ville à
laquelle il ne cesse de penser, est-ce bien la sienne?
Existe-t-elle seulement en dehors de son esprit? Il se
souvient — se souvenir, quel piège auquel il se fait
prendre à chaque détour —, il se souvient du portrait
d'un homme dont chaque trait était dessiné par les
maisons, les rues, les escaliers, les porches, les jardins
et les temples de la cité. C'était la ville-crânienne.
Depuis quand sa tête est-elle investie par cette ville?
Les os de son crâne vont-ils se desceller sous la poussée frénétique de cette germination?

Déjà les détenus se sont dispersés dans le village.
D'Eware, il ne sera plus question. Son nom deviendra
silence, et, au plus profond de chaque être, il prendra
sa place. Tous se tairont car il n'y a pas de mot pour

dire ce qui côtoie de trop près l'angoisse; mais, en secret, ils l'évoqueront, assurés qu'ils seront de subir un jour un sort en tout point pareil à celui du petit rouquin à la mine joviale.

Joden s'en retourne à sa chambre lorsqu'il aperçoit le jeune docteur au costume empesé et aux chaussures blanches. Selon le cérémonial habituel, il est suivi de deux gardiens qui portent avec le coffre aux serrures métalliques une partie de la mémoire des hommes. Le docteur arbore le même visage fermé qu'il avait dans le cauchemar de Joden quand il besognait Agna. Dès qu'il voit le détenu, sa démarche trahit une sorte d'hésitation et il écarquille ses petits yeux jaunes. Puis, son visage redevient impassible et il dirige ses pas vers Joden comme s'il avait quelque chose d'urgent à lui dire. Les porteurs le suivent en traînant les pieds dans la poussière. A l'instant même où le docteur s'approche de Joden, la pluie s'empare du village. Une pluie brutale, compacte, qui a forcé bien des barrières, vaincu l'impossible et supporté une attente infinie, avant de se ruer sur sa proie. Joden profite du déluge pour s'enfuir en courant vers sa chambre, tandis que le docteur et son cortège battent en retraite.

Les détenus poussent des cris qu'on dirait de joie comme s'ils se sentaient soudain en accord avec ce paysage à vau-l'eau. Le village sombre, les contours disparaissent, la côte s'efface, les murs coulent, les ocres se font grises et les maisons glissent insensiblement dans la boue. Il n'y a plus d'angle, plus de ligne brisée, plus de mer et de ciel, plus d'océan et de terre; le paysage devient mou comme une argile. Le végétal et le minéral, les murs des hommes et le grand treillis de la tour de guet, le docteur et les gardiens se dissolvent et tout devient égal.

Joden s'est arrêté au seuil de sa porte; il a enlevé sa chemise et bu l'eau du ciel. Au loin, la plage se noie et les maisons ne sont plus que les décombres de la mer.

Il monte une odeur de saccage qui répond en secret à son trouble intérieur. Comme les veuves d'autrefois, il goûte l'instant où le monde se soumet enfin à une loi qui n'est pas celle des hommes.

« Suivez-nous vite ! »

Quatre gardiens entraînent Joden vers la maison rose. A l'intérieur, le docteur coiffe ses cheveux mouillés devant un petit miroir.

« Asseyez-vous », dit-il sans se retourner.

Joden retrouve sa place sur le tabouret bancal et les gardiens la leur à ses côtés. Le docteur continue à se peigner avec application, et, soudain, dans le vieux miroir terni, le regard de Joden rencontre les petits yeux jaunes du docteur. Plus de menace, plus d'ironie. Les petits yeux s'adoucissent, étrangement fixes, et la bouche esquisse un sourire maladroit.

Joden se méfie d'un tel changement, pourtant il accepte cet échange de regards. Le docteur lisse ses mèches du plat de la main; chaque geste est lent, suspendu, comme s'il n'avait pour but que de détourner l'attention des gardiens. Quand, après de longues minutes, il se retourne, son visage paraît de nouveau fermé et d'une froideur rendue encore plus saisissante par l'ordonnance parfaite de la chevelure. Ses paroles sont rares et anodines, et, dans les intervalles de silence, le ruissellement des eaux établit son tumulte.

Le docteur a dédaigné son grand fauteuil vert et il n'est pas allé non plus chercher au fond du coffre la fiche de Joden. Son regard dans le miroir semblait être le gage d'une entente secrète et Joden n'a pas compris s'il s'agissait de la suprême ruse d'un chasseur ou de la simple compassion d'un homme.

A présent, le docteur contourne le bureau, et, à l'instant où Joden, à qui il vient de signifier son congé, se lève, ils sont si proches l'un de l'autre que leurs deux corps se frôlent.

« Raccompagnez le détenu », ordonne-t-il.

Les gardiens se dirigent vers la porte et le docteur en profite pour s'emparer de la main gauche de Joden, et pour y glisser un minuscule bout de papier.

« Allez, allez, dépêchez-vous. »

A grandes enjambées, il regagne son fauteuil dans lequel il se laisse tomber, et, contre l'immense dossier de velours vert, il paraît soudain ratatiné et presque fragile.

Dans les ruelles, la glaise fond sous les pas et les collines se dérobent derrière les nuages. Comme un grand fleuve de boue, le village coule vers la mer et draine les gravats et toute la limaille de l'ennui. Les femmes de ménage cramponnant à deux mains leurs jupes courent d'une maison à l'autre et les gardiens sortis de leur mutisme jettent des exclamations vite étouffées par le crépitement des gouttes. Quant aux détenus, ils se taisent. Certains, calfeutrés dans leurs chambres, respirent lentement le remugle des vases et du terreau; d'autres, enlisés dans la boue jusqu'aux chevilles, lèchent sur leur peau le goût délicieux de la première pluie. Les torrents dégringolent vers la plage et entraînent le limon dans leur chute. Bientôt la roche décapée pourra exposer au soleil sa blancheur d'os.

Joden est entré dans sa chambre et il a appuyé son dos à la porte pour mieux en assurer la fermeture; alors seulement, il a déchiffré les mots écrits par le docteur :

« Soyez confiant. Votre tour viendra bientôt. J'y veille. Déchirez immédiatement ce papier. »

Deux ou trois fois encore, la femme de ménage a rejoint Joden dans sa chambre. Des semaines, parfois des mois s'écoulent dans l'intervalle de ses visites. Entre-temps, il arrive que Joden l'aperçoive au hasard d'une ruelle. Accroupie, la tête entre les genoux, elle racle le sol avec son balai de brindilles ou bien elle ramasse des détritus qu'elle enfouit au fond du grand sac gris qui est fixé à sa taille comme un appendice grotesque. D'un regard, d'un sourire, il cherche à retenir son attention, mais elle ne semble pas le reconnaître et il craint en s'attardant davantage de la désigner à la brutalité des gardiens. Parfois, elle disparaît des jours et des jours et de vieilles femmes au visage las et indifférent viennent faire le lit de Joden et lessiver le sol.

Il a remarqué que certains gardiens connaissent la langue des femmes, ou du moins qu'ils se servent des quelques rudiments nécessaires pour exprimer leurs ordres. Elles obéissent en courbant l'échine comme des chiens battus.

Chaque fois que Joden se trouve seul avec la femme dont il ne sait rien sinon le corps, il est surpris par la facilité avec laquelle elle passe sans transition de l'indifférence la plus complète à l'enjouement des ébats amoureux.

Elle se jette sur le lit, cherchant à entraîner Joden

75

dans sa chute. Mais il la repousse très doucement, comme s'il désirait retarder l'instant qui les fera sombrer tous deux dans l'oubli. D'elle, il voudrait obtenir des renseignements sur l'île, sur les gardiens, sur les possibilités d'évasion. N'est-elle pas la seule personne qu'il connaisse à pouvoir sortir du village? Pourtant sa résolution l'abandonne vite. Elle est là avec ses gencives rouges et sa chair solide. Il sent sa croupe sous ses mains. C'est si facile de se laisser aller comme le bateau qui voit venir le quai. Qu'elle est bonne l'onde chaude et la vase qui se dérobe sous le pied avec un bruit de succion. Qu'il est bon le léger engourdissement du cigare au goût sucré. Qu'il est bon de dégouliner vers le bas comme la boue après la pluie.

Depuis son arrivée au village, une sorte de langueur s'est insinuée en lui qui le fait désirer de plus en plus souvent les bonheurs étales de l'acceptation. Dire oui à la passivité, oui aux gardiens, oui au docteur et choisir la mort lente. Dire oui aux rires de la femme, oui à ses bras, oui à sa croupe et s'enfoncer dans la moiteur du tombeau.

Qu'a-t-elle fait pendant les semaines où elle n'est pas venue? A-t-elle travaillé ailleurs? dans un village semblable à celui-là? Il multiplie les gestes, mime la vie, dessine dans le vide des maisons et des hommes, puis il crayonne sur le bout de papier, toujours le même, l'île et ses contours imaginaires. Elle se contente de rire et de hausser les épaules. Quand par chance elle prononce quelques mots dans sa langue, il tente en vain de les lui faire répéter pour les apprendre ou en découvrir la signification. Mais elle se prête avec réticence à ce qui ne lui paraît être qu'un jeu et Joden désespère d'en savoir davantage. Epuisé par sa gesticulation, résigné une fois encore, il se laisse aller au silence et à l'amour.

Il n'y a plus que le froissement des étoffes et ces bruits mous des chairs qui battent l'une contre l'autre et qui font semblant de se pénétrer. Il maudit le grand ventre ondoyant qui aspire son désir. Avec dégoût, il s'enfonce entre les énormes seins inondés de sueur. L'odeur âcre du petit-lait. Il lèche avec application les aisselles humides de la femme et il se souvient de son réveil dans la chambre de l'intérieur. Il émergeait tout juste d'un sommeil fétide et sa première crainte avait été d'avoir pissé au lit, aussi avait-il tâté le drap sous lui. La trahison de son corps l'avait effrayé bien plus que la solitude, l'oubli ou l'ignorance. Et là, avec la femme dont l'amulette est fichée dans la pâleur de la chair, c'est encore la défaillance de sa volonté qui le tourmente.

Aujourd'hui, point de regards sur eux. Personne n'est venu entrouvrir la porte et s'immiscer dans leur intimité. Il y a pire. L'horreur ne vient pas des yeux étrangers. Qu'importe la raillerie ou l'indifférence. L'horreur est en lui. Elle est son propre regard. C'est Joden qui caresse et jouit, et c'est Joden qui voit son corps agir comme s'il ne faisait plus partie de lui. Dans ce dégoût, le ventre de la femme et son odeur de tombeau ne sont pour rien. Il y a même sur son visage à la peau corroyée par le travail et le soleil, une innocence presque émouvante. Elle se soumet à l'étreinte de Joden comme elle se soumet aux ordres des gardiens et à la rudesse de son destin. Elle accepte de s'anéantir dans le grand désastre du monde, et, quand elle chante la tête entre les genoux en raclant le sol avec son balai de brindilles, ou quand elle entraîne Joden vers le lit, elle participe au rite de la vie et du malheur.

La répugnance n'existe que dans le regard de Joden sur lui-même, dans la conscience qu'il a de sa division. Parce que sa mémoire est en défaut, il ne parvient pas à se rassembler. Il appartient aux autres, à ceux qui l'attendent et dont il ne peut retrouver l'image, il appartient à cette femme qui s'offre à lui mais qui le possède bien plus encore, il appartient au docteur qui lit son passé et son avenir sur une petite fiche cartonnée. Il ne s'appartient pas.

La femme le prend entre ses cuisses d'ombre et il éclate en elle comme les vésicules du fucus sous les doigts des gamins qui jouent près des océans. Il en veut à sa chair d'éprouver une jouissance à laquelle il ne participe pas. Son regard juge, et, au sein même de la volupté, il sent le froid le pénétrer jusqu'à l'os. Dans sa tête, la blessure est inguérissable et la veine à sa tempe vibre dans l'aigu comme une corde qu'on n'en finit pas de pincer. N'y a-t-il rien entre la résignation et la souffrance ? Ne connaîtra-t-il des grandes marées que ses échouages ? Il se rappelle cette longue nage nocturne qui devait le mener jusqu'au rebord du monde et qui s'était achevée par le hurlement de la sirène et l'arrivée de la vedette des gardiens. Il avait eu honte quand les autres étaient venus à son chevet et qu'il avait compris que chacun d'eux avait une fois au moins tenté une semblable aventure. Tout se répétait, les chats, les gestes, et les jours et les nuits. Et, dans cette femme dont le visage apaisé semble indifférent et sans âge comme la roche déchiquetée par les intempéries, combien de détenus ont-ils joui ? Elle ne sait que la soumission. Obéir et encore obéir. Même au dernier des hommes. Même à un prisonnier. Pour rien. Ni pour l'argent ni pour le plaisir. Simplement parce qu'il est homme et que le cou et la résistance des femmes se sont brisés à trop racler le sol avec un balai de brindilles.

Soudain, il ne sent plus le froid, une sorte de tendresse l'envahit. Comme la nuit où il nageait vers le large, le corps d'Agna se substitue à celui qu'il vient d'étreindre. Est-il beau ? Peu importe. Les yeux de Joden sont clos, et, enfin son esprit, ses membres, son sexe se réunissent. Agna a le pouvoir de le faire un, de le faire unique, et cela vaut bien toute la beauté du monde.

Il est jeune de nouveau, dix-huit ans tout juste, et Agna est presque sa jumelle. Il lui parle de l'avenir et de ses rêves de voyage. Partir! Partir! Il n'a que ce mot à la bouche. Depuis la plage où déjà il parlait de départ à son frère Mérak, il n'a pas changé. Elle sourit, elle l'écoute, et, quand elle répond, c'est le présent qui est dans sa voix. Elle rit, elle court, elle aime; elle est tout entière dans l'instant.

Elle dit que les projets n'aident pas à vivre et qu'on ne répond pas : attend, un peu plus tard, à la sève qui monte. Elle dit que tout est jouissance, la caresse et le vent, le sang de l'hymen et celui des règles, la nuit blanche et le sommeil. Joden la regarde. Elle est sa première femme. Elle dit aussi que les veuves et les hommes se ressemblent. Les unes se contentent de souvenirs, les autres ne rêvent que de puissance et d'avenir, et tous ignorent le présent, fermés qu'ils sont comme la cosse des fèves. L'instant, le bel instant est pourtant là. Ecoute, dit-elle, et elle pose la tête de Joden sur son ventre, écoute ma vie, je suis un ventre de femme, je suis ouverte et je communique avec l'univers. On nous a menti, on nous a enfermés, divisés, on nous a séparés de nous-mêmes. Il en a toujours été ainsi, affirmait-on, et peut-être en fut-il toujours ainsi, raison de plus pour que je n'en veuille pas. Je ne souhaite ni partir ni fuir, puisqu'ils ne peuvent rien contre moi. Je me moque bien d'eux quand je dis oui à mon corps, quand je dis oui au tien, quand je dis oui, encore oui à ce qui me fait hurler de joie. La vie n'use pas, Joden, crois-moi, c'est nous qui l'usons par manque de foi.

Joden se souvient. Elle est là avec son long corps de statue magique et son ventre renflé et dur. Sa première femme. Et il fait le geste de s'agenouiller devant elle. L'adorer, oui, il voudrait l'adorer. Mais elle rit. Tu n'as rien compris, dit-elle. La tendresse de son regard tempère l'ironie des mots. Tu n'as rien compris, on ne s'agenouille que devant ce qui n'a jamais existé ou devant ce qui n'existe plus, les dieux et les morts. Je suis vivante, Joden. Touche comme je suis vivante.

Les cloches des églises sonnaient à toute volée. C'était le premier jour du nouveau règne. Il y avait eu des cadavres et des alarmes pendant des mois et des mois, et, ce jour-là, l'ordre ressuscitait de ses cendres comme un phénix au bec sanglant. Dans quelques minutes, les portes de la cathédrale allaient s'ouvrir et le Maître les franchirait. Les hauts dignitaires groupés sur le parvis suivaient du regard la rite de l'homme seul, tandis que le peuple n'entendait que les cloches et tremblait dans la crainte de l'invisible. Très lentement, le Maître vêtu de la tunique blanche suivait sur les dalles de la nef centrale le chemin du labyrinthe, et, ses pas dans ceux de ses prédécesseurs, son âme prise dans le carcan du pouvoir s'étrécissait encore un peu plus. Au terme du voyage, il s'allongerait sur la mosaïque sacrée, et, la joue droite posée contre le bétyle où le soleil s'était levé la première fois, il prononcerait pour lui seul le rituel d'intronisation.

Elle disait : je suis vivante, et les cloches s'étaient remises à sonner. Dans la nef centrale, les prêtres et les hauts dignitaires se joignaient au Maître, et les vêtements de cérémonie ajoutaient leurs ors à ceux des rétables. Les visages paraissaient momifiés comme si la profusion des richesses et des décorations, les statues des saints rois et des saints anges, les courbes et les contre-courbes de l'acanthe, figeaient les hommes dans une attitude hiératique. Les cloches s'étaient tues et le silence n'était plus rythmé que par l'immense verticalité des colonnes. L'air se raréfiait dans cet inextricable enchevêtrement de lianes, de fleurs, de spirales, de rocailles, et les chérubins groupés par trois au-dessus des baldaquins s'étourdissaient dans une ronde frénétique.

Elle disait : je suis vivante, et ces mots retentissaient

bien plus fort que toutes les cloches de la capitale, bien plus fort que toutes les cloches du pays depuis l'océan jusqu'aux déserts des hauts plateaux. Ils n'avaient pas attendu l'ordre du Maître pour faire la fête et elle ne se terminerait pas dans les pleurs à la fin du jour. C'était Agna la magicienne et il croyait en elle et il croit en elle. De tout son passé figé dans l'oubli, elle est la seule à surgir. Merveilleusement préservée, indestructible.

La femme l'a pris par les épaules et le secoue de toutes ses forces. Il ouvre enfin les yeux et il la voit penchée sur lui, les sourcils froncés, les joues rouges. Elle prononce quelques mots, une interrogation sans doute, et il lui répond d'un sourire. A petits gestes méticuleux, elle remet en place ses étoffes et ses cheveux. A peine est-elle debout qu'un gardien pénètre dans la chambre. Elle rajuste son foulard, rentre la tête dans les épaules, et, le balai de brindilles serré contre ses seins, elle s'empresse de franchir la porte. Le gardien n'a pas un regard pour Joden, ni pour le désordre du lit; les rapports entre les femmes de ménage et les détenus sont tolérés.

Joden est resté seul, les yeux clos. Depuis des mois et des mois qu'il vit ici, les bruits du village lui sont devenus familiers; il peut même distinguer le pas d'un détenu de celui d'un gardien. Dès l'arrivée de quelque nouveau prisonnier, il apprend immédiatement à reconnaître sa voix.

Paroles, fracas des gamelles à l'heure des repas, claquement des cartes et froissement des vagues. Les bruits ne sont pourtant que des accidents; le tissu des jours et des nuits est fait de silence et d'immobilité. Accident aussi que cette pluie torrentielle qui fit fondre la colline comme une motte de beurre et révéla les petites fleurs dont le pourpre et l'indigo émaillent les déserts après l'orage. Bientôt le soleil revint et durcit le village dans sa carapace de boue. Accident encore le départ d'Eware, suivi par celui d'Arihméleb.

A présent, Joden fait partie des anciens, mais il n'en sait pas plus qu'au premier instant sur l'issue du combat qu'il mène pour arracher à l'oubli quelques bribes de son ancienne vie, et, quand Agna survient, longue, brune, le regard vert et lumineux comme le fanal d'un autre temps, il craint encore de se laisser abuser par son imagination. Peut-être Agna va-t-elle le repousser d'un éclat de rire. Peut-être, indifférente et hautaine, marchera-t-elle vers l'homme à la blouse blanche qui la torturera sous les yeux de Joden.

Il se souvient de la foule dans les rues le jour où le Maître devint le Maître, de l'odeur craquante de la poussière, du goût des alcools enfiévrés et des beignets de maïs que les enfants vendaient les pieds dans les caniveaux. Avec Agna, ils avaient grimpé le gigantesque escalier du parc; ni les clameurs venues des ruelles ni les monstrueuses mains tendues vers le ciel de part et d'autre des degrés de pierre ne semblaient pouvoir les menacer.

Que s'était-il donc passé ensuite? Pourquoi Agna avait-elle disparu alors qu'ils s'étaient tous deux promis de ne jamais mettre un terme à la fête? Un jour, celle qui disait oui à son corps, celle qui disait oui au corps de Joden, avait tout oublié. En elle, un enfant naissait. Une chose poussait dans la moiteur de ses organes, forçait sa chair, et, comme la sourde germination du parc, jetait ses racines et ses crampons à l'assaut des murailles. Agna ne se laisserait pas dévorer. Pendant une semaine, Joden la chercha dans toute la ville, et, quand enfin elle fut de retour, elle dit que l'enfant n'avait jamais existé. Tout au bonheur de la retrouver, il entendit à peine ses mots. Elle était là, rien n'avait changé; il n'en demandait pas davantage.

Lorsqu'elle ajouta : voilà, c'est fini, il ne comprit pas et il voulut la prendre dans ses bras. Le visage d'Agna se durcit soudain et sa bouche exprima un tel dégoût qu'il relâcha son étreinte. Les bras de Joden retombèrent le long de son corps sans qu'Agna ait eu besoin de les détacher d'elle. Elle partait. Elle était partie.

La douleur d'autrefois lui revenait en mémoire. Elle était logée dans son ventre, c'était comme un arrachement, comme une béance soudaine. La chose sanglante qu'Agna avait extirpée d'elle, il en portait dans son corps la blessure. L'enfant comptait pour peu dans son tourment. D'Agna seule, il endurait l'absence. Il sentait les insectes tarauder sa chair et empoisonner son sang; le venin lui montait à la tête et sa tempe battait. Cela avait duré longtemps et l'intensité du mal ne faiblissait pas. Aujourd'hui même, dans sa mémoire retrouvée, la déchirure s'ouvrait encore, mais Dieu que la douleur était bonne! La vie palpitait de nouveau en lui et il la remerciait d'être aussi cruelle. Nullement émoussée par la distance et le temps, elle n'était devenue ni plus familière ni plus sournoise, et le traitement qu'avait subi Joden ne l'avait en rien modifiée. A vif, la plaie, et, comme ces pins dont l'écorce a été incisée, la gemme sourdait de lui, précieuse, inlassable. Agna pouvait encore le poindre et le tourmenter, le faire sanglant et le faire heureux. Elle existait et il la remerciait d'être.

Sur cette île où il avait cru se perdre, où il avait souffert la longue anesthésie des sens et de la mémoire, il s'était surpris à rêver de renoncements et de cette demi-mort faite d'abandon et de lâcheté. C'était compter sans Agna. Elle était là pour l'éveiller et lui faire mal. Chair avide et frémissement, sang pourpre à l'attache du bras. Il ne savait plus si c'était elle qui le pénétrait, ou bien si elle s'ouvrait afin de le laisser tracer sa route, ses routes, au plus profond de son corps. Ils étaient mêlés, éparpillés, éclatés comme le soleil sur le miroir, comme l'abcès sous le scalpel, et la chair d'Agna brillait pareille à celle des poissons qui peuplent les mers du Sud. De loin, elle se jetait sur lui et elle était le vent contre la falaise. Il la buvait, elle, toi, mon cauchemar d'enfant retrouvé chaque nuit, chaque soir. Cheval de mon obscurité folle, viens que je vienne, prends que je te prenne, et meurs que je revive. Ce n'est pas toi que j'aime, mais ton pouvoir sur moi, mais la douleur que tu me donnes, mais le frisson de ma vie. Ce n'est pas le vin que j'aime, ce sont mes nerfs émus, et ma tête et mon corps.

Elle était ce seul instant autour duquel tout se reconstruisait. Elle était la plus forte. Malgré les gardiens, malgré le docteur, malgré tous les interdits, malgré l'éloignement et la grande solitude de l'oubli qui rend l'homme étranger à lui-même et son esprit plus blet qu'une vieille pomme, elle arrivait jusqu'à lui et la ville renaissait avec son parc et ses ruelles, sa cathédrale et son Maître, ses veuves et ses statues, et son parfum de poussière et de roses épuisées.

Soyez confiant, avait-il lu sur le bout de papier et Joden riait de la recommandation. Il avait en lui de quoi vivre et ses ennemis ne le vaincraient pas aussi facilement qu'ils l'avaient cru.

Courage Joden, a dit le docteur. C'est étonnant comme cet homme ne trouve jamais les mots qui conviennent. D'un air embarrassé, il joue avec sa bague qu'il fait aller et venir le long de son auriculaire. De nuit, il est entré dans la chambre de Joden et quatre gardiens l'accompagnaient. Courage, répète-t-il et il ajoute à voix basse : le plus dur est fait.

Depuis quelques jours, Joden sentait obscurément que sa vie allait prendre un cours nouveau. La présence d'Agna, la souffrance ranimée, tout semblait indiquer que les choses ne resteraient plus longtemps immobi-

84

les. Et puis Joden n'était-il pas devenu un des vétérans du village ?

Ils ont dit : prenez votre chat, et le docteur a dû bafouiller une formule qui se voulait rassurante. Bonne route, peut-être. Et aussi : nous nous reverrons, comme si cela avait une quelconque importance.

Il faut partir. La nuit est sans lune.

Un camion bâché attend devant les cuisines. Joden se retourne une dernière fois pour regarder le village. Le faisceau lumineux de la tour métallique balaye au loin les falaises tandis que les maisons s'effacent dans l'obscurité. Les détenus dorment. Demain, au réveil, ils s'étonneront de son absence et ils diront qu'il s'est enfui. Il faut bien des légendes pour nourrir la réalité. Mais l'oubli viendra tout recouvrir et le nom même de Joden ne tardera pas à disparaître. Alors Oba s'en ira trouver le nouveau venu déjà installé dans la chambre de Joden et il le suppliera : « Aide-moi, aide-moi à partir. Simplement par ton regard. Quand le moment sera venu, regarde-moi partir. Je ne te demande que cela. Pour le reste, j'en fais mon affaire. » Il attendra des mois et des mois, en vain. On part toujours seul, Oba. Comment, dans ta folie, as-tu pu oublier cela ?

Mérak ronronne contre la poitrine de Joden. Il est là fidèle et chaud. Les distances s'étirent et le village pénètre dans la nuit comme ces vivants qui s'éloignent de dos. L'irréversible commence quand les autres disparaissent et que leur nuque se perd à l'infini. Celui qui meurt les regarde à peine. Le désir de savoir monte très lentement en lui comme un ultime orgasme. Rien ne presse. La certitude qui approche calme son impatience. Puisque la rupture est faite, l'impossible seul peut advenir.

Le camion franchit la colline.

« Où allons-nous ? » demande Joden machinalement, sans espérer de réponse. Pourtant le plus jeune des quatre gardiens dit :

« A l'autre bout de l'île.

— C'est pareil qu'ici ? » interroge de nouveau Joden. Les quatre hommes vêtus de blanc rient; puis, ils tirent de leurs sacs de gros sandwichs qu'ils mangent en silence.

III

L'ÎLE

Il avait cru quitter l'île, et peut-être même la vie. Il avait regardé s'éloigner le village comme on dit adieu aux derniers amis, et puis, c'était encore un départ pour rien. Sa curiosité restait insatisfaite. De salle d'attente en salle d'attente, de chambre en chambre, où le mène-t-elle cette marche en trompe l'œil ?

Il descend vers la mer, et, comme le jour de son arrivée dans le premier village, il lui semble qu'Eware l'attend au rendez-vous de la plage pour lui dire en guise de bonjour : « Il va faire beau. »

Il fait beau. Il y a dans la douceur de l'air quelque chose d'émouvant. Impossible de souffrir quand le petit matin est si tendre, quand les fleurs s'ouvrent avec tant de candeur, quand, sous le léger voile de brume, la terre et la mer respirent en parfait accord, quand aucun cri ne vient inquiéter le silence et troubler le rythme monotone des vagues.

Une falaise abrupte rend la mer inaccessible, mais une grande piscine aux eaux vertes lui tient lieu de réplique. Autour du bassin, des fauteuils et des tables de teintes criardes, des chaises longues et des matelas révèlent une frivolité qui surprend Joden. La luxuriance de la végétation paraît artificielle et les torches roses, rouges et blanches des magnolias et des rhododendrons flambent dans des couleurs crues. La brume a disparu et avec elle la tendresse. Une touffeur chargée d'humidité exaspère les parfums.

Joden marche dans ce monde désert en prenant garde de ne pas le bouleverser du bruit de ses pas. Il va même jusqu'à s'accroupir dans une position incommode derrière un fauteuil, près de la piscine, comme s'il s'attendait à quelque apparition et que le fait d'être caché lui permît de la mieux percevoir. Mais rien ne bouge dans ce curieux décor dont les saillants et les couleurs se détachent avec une surprenante netteté sur le fond du ciel. L'absence de toute vie donne encore plus de relief aux choses vouées à la futilité.

Joden est encore dissimulé derrière le fauteuil quand surviennent les fragments à peine audibles d'une mélodie. Tout juste née, elle se perd et Joden pense à ces airs anciens qu'il croyait entendre dans la chambre de l'intérieur lorsque la brise du soir forçait et qu'il fredonnait à n'en plus finir, ému aux larmes par des sonorités dont il semblait se souvenir. La musique reprend, douce, insignifiante, mais son insignifiance même provoque chez Joden une certaine gêne; il sent confusément que cette mélodie est l'émanation parfaite des lieux et qu'elle ne cessera qu'avec le jour.

Soudain, un rire léger et pourtant ironique éclate à l'instant précis où il s'apprête à poursuivre son exploration. Quatre femmes vêtues de robes claires s'avancent vers lui. Joden songe à revenir sur ses pas et à se cacher de nouveau derrière le fauteuil. Trop tard. Les femmes l'ont vu et il ne doute pas que son embarras ait suscité leur rire. Le malaise s'empare de lui et le plonge dans une sorte d'hébétude : cette musique, ce rire, et puis ces femmes, surtout ces femmes...

Elles ne portent pas de longues jupes grises, elles ne serrent pas contre leurs seins un balai de brindilles, elle ne courbent pas l'échine. Simplement, elles vont au bain et l'heure matinale ajoute de la nonchalance à leur démarche. Est-ce la vie déjà retrouvée avec le rire des femmes ? D'où vient alors que le soulagement et même la joie n'envahissent pas Joden à l'instant de la rencontre ? La panique au contraire le cloue sur place, et comme dans ces cauchemars où l'on pressent qu'un seul geste suffirait à repousser tous les tourments, l'envie de savoir est la plus forte et lui interdit la fuite.

Des quatre femmes, il ne voit que la brune dont les cheveux décoiffés indiquent qu'elle n'a eu au lever aucun souci de son apparence. Ses paupières sont lourdes, ses yeux cernés, et, sous le bistre du regard, son nez et sa bouche ont une crispation pathétique. Pourtant Joden n'hésite pas à lui attribuer le rire qu'il a entendu tout à l'heure, un rire de théâtre derrière la rampe éteinte. Malgré l'ironie et la lassitude qu'il lit sur le visage de cette femme, il éprouve à la regarder une joie subite, une joie qu'il s'étonnait quelques minutes plus tôt de ne pas ressentir. Ni l'espoir d'être rendu à la vie, ni la grâce des femmes matinales ne l'avaient troublé. Il avait fallu ce visage avec sa peau marquée par la souffrance et ses yeux à la douceur aqueuse, pour faire naître en lui la joie.

Il craint encore la violence du sang qui lui monte aux tempes, mais il n'a plus envie de fuir ou de se dérober. Elle vient à lui, tandis que les trois autres femmes se dirigent vers la piscine. Pourquoi Mérak est-il donc resté dans la chambre du château ? S'il était là, Joden pourrait le serrer contre lui et s'appuyer sur sa présence. Il se sent démuni et bizarrement remué par cette joie qu'il voudrait dissimuler.

La femme brune n'est pas seule, tant de choses, tant d'émotions l'accompagnent. Il y a l'immense parc aux lianes folles et puis les ruelles où les veuves se balancent. Il y a l'odeur de la ville en fête et la chaleur méridienne des hauts plateaux. Il y a l'escalier vertigineux qui ne mène nulle part et ces mains tendues vers le ciel comme des sexes. Il y a les kleinias et les chardons d'après la pluie, et la cathédrale gorgée d'or et d'échos. Il y a l'amour et la déchirure et la brûlure. Il y a la lente souffrance qui ne se laisse pas oublier, que l'on ne veut pas oublier. Il y a le mur qui s'effondre et qui n'en finit pas de crouler. Mais il y a aussi l'image qui se recompose au-dessus des flots et le souvenir et les yeux d'algue et d'huître. Il y a la vie qui revient. Il y a Agna.

« Bonjour, docteur, dit-elle.

— Bonjour. Pourquoi m'appelez-vous docteur ? »

Les sourcils d'Agna se froncent comme si le ton de Joden la contrariait.

« Tu ne me tutoies plus. Ont-ils réussi à te faire changer ? »

Elle a fait porter tout l'accent de sa phrase sur le « ils », sur ces puissances obscures que Joden a pris l'habitude de nommer depuis des mois et des mois sans jamais préciser leur identité.

« Pourquoi me dire vous ? Nous nous sommes connus. »

Elle s'interrompt. Dans le court moment de silence, ses sourcils se défroissent et son regard s'adoucit. Tandis qu'elle répète très lentement comme on parle à un enfant : « Nous nous sommes connus », Joden éprouve un sentiment de délivrance et son angoisse disparaît. Ils sont face à face et leurs mémoires ressuscitées coïncident. Du creux de l'oubli, des profondeurs du passé et du sommeil, Agna est venue lentement ainsi que la vague, et, aujourd'hui, son regard le pénètre.

« Nous nous sommes connus », dit-elle pour la troisième fois et elle pose ses mains sur les épaules de Joden. Il la reconnaît à cette audace, à cette façon de passer outre aux entrées en matière, à ce désir de bousculer les interdits et de planter sa tente en plein vent.

« Tu viens ? interrogent avec impatience les trois autres femmes qui ont poursuivi leur route.

— Non », répond-elle sans bouger et sans se chercher d'excuse.

Ses yeux dans ceux de Joden, ses mains sur ses épaules. « Tu sais, dit-elle, j'ai cru comme toi avoir tout oublié et tu es le premier à être venu. Il y a des mois, des années peut-être, à l'instant où j'allais désespérer, je t'ai vu. Il m'a fallu longtemps pour te reconnaître, mais, avant même de retrouver qui tu étais, un étrange sentiment de paix m'envahissait dès que je te devinais. Pourtant tu n'avais pas encore de nom, à peine un visage, une silhouette. Je n'arrivais pas à te saisir, mais il suffisait qu'il y ait une rémission ou qu'un matin je m'éveille avec une impression de joie, pour qu'aussitôt je te l'attribue. »

Les doigts d'Agna s'enfoncent dans son épaule. « Je sais, dit-elle, que je ne suis pas malade, que je ne me suis pas trompée. Mes mains devaient te toucher pour que je me souvienne de ton nom. Je t'appelle : Joden. »

Ils se sont assis au bord de la falaise, les pieds dans le vide. Joden a choisi le lieu qui lui permet de rassembler dans un seul regard Agna et la mer. « Raconte », dit-il, et elle répond : « Attends ». Elle qui ne savait que marcher à grandes enjambées et jeter son rire comme un défi, elle paraît soudain hésiter sous le feu du soleil qui monte à l'horizon. Les mots que réclame Joden, elle voudrait les retenir.

« Ici, on parle trop. Je suis pleine de mensonges et d'oublis. Pleine ! »

Elle a tourné vers lui son visage meurtri. A travers le hâle, de fines rides creusent leurs sillons autour de sa bouche et de ses yeux. Les souvenirs se sont inscrits dans sa chair.

« Nous sommes une cinquantaine d'hommes et de femmes. Nous mangeons, nous dormons. Nous sommes en vacances, ou en cure. Tous bien élevés et bien résignés. J'oubliais la principale de nos occupations : nous parlons ! A nous entendre, on pourrait nous croire

93

tous héroïques. Mais nous mentons, Joden. Cinquante héros rassemblés dans un même lieu, ça fait beaucoup de bruit et de mensonges. »

Le village commence à se peupler. Quelques hommes se baignent dans la piscine avec les trois femmes qui accompagnaient Agna. A intervalles réguliers, sans doute pour renouveler l'eau, une grosse vague aux flancs tachetés de blanc parcourt tout le bassin dans sa longueur. Une voix anonyme couvre les musiques des haut-parleurs : Attention! Attention! La vague arrive! Les baigneurs giflés par les eaux jettent de petits cris, puis la surface verte s'apaise et la musique reprend aussitôt.

Agna accède enfin au désir de Joden; elle se raconte. Sa voix est froide, ses phrases courtes et hachées; de ce qu'elle a vécu, elle fait un simple constat. On dirait qu'elle refuse de s'attendrir sur son sort et de chercher un remède dans les lamentations. La fait de parler d'el-le-même lui répugne déjà assez.

Son expérience est banale, affirme-t-elle; elle ressemble en tous points à celle de ses compagnons, à celle de Joden. Pourquoi se complaire à l'évoquer? Tout comme lui, elle connut l'oubli et la solitude dans une chambre gardée par quatre hommes qui jouaient aux cartes. La folie n'était pas loin et le désespoir non plus. Bien qu'elle ne crût pas à la possibilité de fausser compagnie à ses gardiens, un jour pourtant elle tenta une sortie. Elle espérait que les hommes lui infligeraient la mort en guise de châtiment. Ils se contentèrent de la gifler et elle se souvint alors qu'elle était une femme. Ils la méprisaient assez pour la battre, mais pas assez pour mettre un terme à son supplice. Leurs yeux brillaient quand ils la frappaient à toute volée, d'autant que la règle leur interdisait d'autres outrages.

Ensuite, on la conduisit dans une grande villa au bord de la mer où elle partagea ses jours et ses mois avec huit autres femmes. Elle éprouve quelque difficulté à estimer la durée de ce séjour; l'ennui a immobilisé le temps. Il ne se passait rien. Parfois, l'une d'entre elles délirait dans son sommeil et criait des noms d'hommes. Parfois, toutes ensemble, elles s'inventaient les raisons de leur bannissement. Toujours les mêmes mots revenaient et un seul jour durait plus qu'une année. Leur unique occupation était de percer le mur orbe de l'oubli; mais, à peine une fenêtre était-elle ouverte qu'Agna craignait de se laisser prendre au piège des perspectives.

« Et maintenant? interroge Joden.

— Oh! maintenant... »

Disparue, cette exaltation qui avait fait briller le regard d'Agna, alors qu'elle posait ses mains sur les épaules de Joden. La survenue du passé, si elle rompait la monotonie des heures, n'apportait pas l'espoir d'une vraie délivrance.

Comment le visage de la jeune femme pouvait-il exprimer à la fois toute la beauté et toute la lassitude du monde? Agna vaincue était encore plus troublante que la jeune fille d'autrefois qui défiait la vie et la ville.

« Maintenant, reprend-elle, maintenant... je n'attends rien. Il se peut qu'il y ait encore d'autres villages, d'autres prisons. Mais tu verras, Joden, on est bien ici. La nourriture est excellente; le soir, on danse et les nuits sont très fraîches. Un vrai paradis! Nous en avons de la chance! »

Brusquement, il prend le visage d'Agna dans ses mains. Il n'y a plus aucune ironie dans le regard de la jeune femme, seulement la résignation.

« Non, non, dit-il. Ce n'est pas toi. »

Il la secoue par les épaules et sa voix implore une réponse.

« Si, Joden, c'est moi. Tu auras tout le loisir de t'en apercevoir.

— Et la vraie Agna?

— La vraie Agna ! Tu m'amuses... Il n'y a jamais eu d'autre Agna.

— Tu mens.

— Non, j'ai oublié. Tout oublié. »

Joden a le sentiment qu'elle se sert de la défaillance de sa mémoire et il n'est pas loin d'employer avec elle le ton moralisateur d'Arihméleb.

« Tu ne comprends pas, dit-elle, que je ne me soucie plus du passé. Il m'a assez coûté. Quoi qu'il fût, il m'a conduit ici. Alors, héroïque ou crapuleux, je m'en moque !

— C'est ce qu'ils veulent. Tu les laisses gagner trop facilement.

— Trop facilement ! Crois-tu que c'est facile de perdre des années et des années de sa vie ? Regarde-moi, regarde-moi bien en face et répète que je les laisse gagner trop facilement. »

Le vert de son regard défie Joden. Débarrassé de tous les artifices, ce visage aux paupières gonflées où la beauté et la souffrance se mêlent intimement est d'une terrible indécence. Comme dans un miroir, Joden y lit le chemin parcouru, les années passées, et, il lui semble que le temps et la mémoire qui un jour les désertèrent ont pris leur revanche en marquant leur peau d'une pointe plus acérée. De jeunes vieillards, voilà ce qu'ils sont.

« Tu te tais ? interroge-t-elle.

— Pardonne-moi. »

Attention ! Attention ! La vague arrive. Les gardiens en tenue blanche prennent des airs de maîtres nageurs, tandis que les chats dorment à l'ombre des bougainvillées. Autour de la piscine, les détenus sont allongés sur des matelas et des chaises longues ; mais soudain, d'un mouvement unanime, ils se lèvent et se précipitent vers le bar. Une camionnette grise vient d'arriver et deux gardiens en retirent des étoffes qu'ils jettent pêle-mêle sur une grande natte de raphia.

« Doucement, doucement, crie l'un d'eux en bouscu-
lant une femme qui s'emparait déjà d'une pièce de
velours.

— Viens, dit Agna. C'est l'arrivage des vêtements. »

Il y a des jupes, des robes, des costumes, des chapeaux et même des voiles de deuil et des habits de
cérémonie. Ça sent le fripier et le beau monde des
temps révolus. Les moires et les brocarts ont des tons
fanés qui trahissent un long séjour dans les greniers et
les malles. Tous les oripeaux du pays sont déversés sur
la natte de raphia et offerts à la convoitise des bannis.

Ils tâtent les alpagas, les étoffes à chaîne de soie; ils
palpent les velours façonnés. Leurs yeux brillent et
leurs mains tremblent un peu. Il y a comme une
seconde d'hésitation. Se souviennent-ils du sein qu'ils
ont fait jaillir d'une cotonnade à pois pareille à celle-là? Se souviennent-elles de la cuisse de l'homme
sous la serge grise? Alors que tout le puzzle des
anciens émois s'offre à eux, ils ne songent qu'à s'emparer de la plus belle pièce. Ils tirent sur la manche, ils
font craquer les coutures, ils se précipitent sur le butin
comme une horde de charognards.

« Arrêtez, arrêtez », crie Joden.

Ils ne l'entendent pas; un seul d'entre eux se
retourne, et, haussant les épaules, s'exclame d'un ton
de mépris : « C'est le nouveau! » Pire encore, Joden
reconnaît ses anciens compagnons qui se disputent
quelque dépouille. Eware, le petit rouquin, Eware qu'il
aurait voulu serrer dans ses bras tout au bonheur des
retrouvailles, Eware ne l'a pas vu, occupé qu'il est à
essayer une chemise à grosses rayures.

Non loin de là, Arihméleb avec ses pommettes saillantes et son regard de grand-duc caresse le velours
pâle d'une robe du soir qu'une femme lui arrache des
mains. Elle s'enfuit avec sa proie, et, dès qu'elle ne se
sent plus menacée par ses poursuivants, elle plonge
son visage dans l'étoffe dont les teintes rappellent la

joue d'un enfant. Elle déploie la robe devant elle et le velours s'évase comme s'il était habité.

« C'est ma robe! C'est ma robe! Je me souviens du bal, je me souviens très bien », s'écrie-t-elle les larmes aux yeux, tandis qu'elle embrasse le tissu rose à pleine bouche.

Agna enfonce ses bras dans le monticule de vêtements comme dans une terre glaise; avant de choisir, elle pétrit avec délices les étoffes et les couleurs, et sa narine palpite à ces odeurs anciennes. Joden la regarde et il craint d'avoir à lutter contre elle, comme contre un autre lui-même.

Avec l'entrain de ceux qui s'enivrent pour fêter les morts, elle arrache au carnage une jupe de taffetas qu'elle plaque devant elle, puis, fredonnant l'air que diffusent les haut-parleurs, elle se met à tourner sur place. Une à une, les dépouilles se détachent de l'amas initial et s'en vont divaguer comme des météores dans le vide.

Joden pose sa main sur le bras d'Agna qui se dérobe dans le tourbillon de la danse.

« Je n'aime pas ce qui s'attache à moi, dit-elle. Jusqu'à mon ombre que je déteste. »

Sa jupe balaie la poussière. A la cassure des plis, le taffetas flambe dans le soleil. Agna tourne, elle tourne caparaçonnée de soleil!.

« Pourquoi, tout à l'heure m'as-tu appelé docteur? demande-t-il.

— A toi de trouver », répond-elle et elle s'enfuit.

Au déclin du jour, les musiques gonflent, débordent et chassent la lumière. Les ombres s'emparent des lieux tandis que les sonorités grimpent dans l'aigu. Quand la nuit est étale, les détenus abandonnent leurs chambres, et, vêtus de leurs oripeaux d'emprunt, ils entrent dans la danse. Ils s'agitent comme des noyés que le courant emporte, et, de leurs gestes saccadés, ils ne semblent plus maîtres. Quelques rares couples s'enlacent, mais la crispation de leurs membres est le signe de leur défaite. C'est vers le gouffre qu'ils roulent, les narines pincées comme si le flot avait déjà empli leurs poumons, les cheveux collés sur le front et sur la nuque ainsi que s'agglutinent les algues sur les épaves de mer. Leurs têtes se redressent une dernière fois pour ne pas apercevoir les abysses, et leurs regards supplient : une danse encore, rien qu'une danse. La mélodie enroule son bandeau sur leurs yeux.

Ils ont tous le même âge, entre trente et quarante ans, mais leurs visages laissent paraître l'usure. Une femme qui porte une robe de velours rouge un peu lustrée à la hauteur des hanches s'approche de Joden et lui tend la main.

« Viens, dit-elle.

— Je ne sais plus danser.

99

— La tête oublie, pas le corps. Je m'appelle Kadélia. Viens, je t'apprendrai s'il le faut. »

Déjà elle referme ses bras sur Joden, et, se dandinant en mesure, elle frotte son ventre et ses seins contre lui.

« Tu vois bien que tu n'as pas oublié. Dis-moi, qui étais-tu ? »

Joden regarde sans comprendre ce visage aux pommettes largement saillantes, aux orbites bridées, aux lèvres épaisses entrouvertes sur une denture de carnivore. Il y a chez Kadélia une animalité qui fascine.

« Que faisais-tu au pays, avant de venir ici ? interroge-t-elle en plissant son regard bleu et mordoré de siamois en chasse.

— J'étais médecin, répond-il machinalement.

— J'aimerais connaître vos soins docteur », lui chuchote-t-elle à l'oreille, tandis que le velours de sa robe ondule entre les mains de Joden.

Les mouvements imperceptibles de la danse attachent encore plus étroitement la femme à son cavalier et la lumière glisse sur l'étoffe comme sur une peau ointe. De la tête aux pieds, Kadélia remue sans aller nulle part, elle se contracte puis se dilate pour mieux se nouer autour de son compagnon. Son long cou puissant dardé vers sa proie, ses lèvres toutes proches de celles de Joden, elle marque la mesure par ce hochement de tête latéral des grands fauves prisonniers.

La nuit se charge de relents marécageux et l'air sucré amollit les chairs. Joden sent la musique monter dans ses veines comme un poison. Pourquoi a-t-il répondu qu'il était autrefois médecin ? Pourquoi a-t-il laissé venir les mots ? Pourquoi se soumet-il à Kadélia ? Pourquoi au rythme ?

Il se rappelle ce cauchemar qui livrait Agna consentante aux tortures de l'homme vêtu de blanc et de cette sorte de complicité haineuse née entre le docteur et lui-même au fil des rencontres. Bien sûr, le docteur possédait dans son grand coffre à triple serrure le secret de Joden, mais cela ne suffisait pas à expliquer l'intérêt qu'il lui témoignait. D'un regard surpris au fond d'un miroir, le docteur avait franchi le mur de silence qui devait irrémédiablement les séparer. Joden était fasciné par cet homme qui risquait sa fonction — qui sait ? même sa vie — pour lui prodiguer quelques encouragements et il avait supposé qu'au-delà des apparences un lien existait qui rendait l'échange possible. Aussi n'avait-il été qu'à demi surpris quand Agna l'avait gratifié d'un « bonjour docteur ». Depuis, il croyait deviner que ce qui se rapportait de près aux motifs de sa détention était le plus complètement effacé de son esprit et il en concluait que son ancienne profession dont il n'avait justement aucun souvenir pouvait bien être la cause de son supplice. Le docteur avec ses airs de gandin et son costume coquille d'œuf, n'avait-il pas éprouvé plus que de la gêne face à Joden ? Peut-être craignait-il d'avoir un jour à prendre place sur le tabouret bancal. C'était son semblable qu'il torturait, et, les yeux soudain hagards, le petit docteur transpirait.

Kadélia secoue ses cheveux dont le blond tourne au verdâtre sous les lumières et ses boucles sont plus drues qu'en mai les pampres de la vigne. Elle entraîne Joden vers le milieu de la piste. La chaleur moite de la nuit ne lui suffit pas ; il lui faut se lover au centre de toutes les étreintes et transmuter les chairs qui dodelinent sur des rythmes à deux temps en une pâte épaisse pour s'en recouvrir entièrement. Perdre pied, perdre la tête, perdre le souvenir et le regret du souvenir. Se perdre. S'enfoncer dans les sables mouvants. N'avoir plus qu'un museau pour flairer les vases. Il y a dans l'air du soir un parfum de flaques croupies.

Pas de répit, les musiques s'enchaînent les unes aux autres. Les hommes, beaucoup plus nombreux que les femmes, pénètrent le plus souvent seuls à l'intérieur de ce magma de corps, ou bien ils se joignent à un autre homme et ils s'en vont à deux se noyer. Les mains s'étreignent, les doigts se cramponnent, les ongles s'enfoncent dans les chairs.

Les bras levés, pareille à la baigneuse surprise par la vague, Agna se glisse sur la piste. Aussitôt, Eware la saisit au passage, et, les bras toujours tendus au-dessus de la tête, elle plie sous son étreinte comme si elle allait se casser en deux. Puis elle se redresse, et, d'un mouvement de hanches, elle repousse le petit rouquin. Elle s'enfonce encore un peu plus dans le faisceau de membres. Immergée jusqu'au menton, elle ferme les yeux et se laisse emporter par le courant. Il n'y a plus que ses deux longues mains qui surnagent au-dessus des têtes et Joden qui ne les quitte pas du regard. Si seulement Agna pouvait crier. Un cri, un appel, un signe.

Elle se tait. Agna refuse les plaintes et le secours des autres. Sa souffrance est devenue son secret et sa substance même. Celle qui croyait soumettre les événements à sa guise, celle qui ne tolérait aucune entrave, aucun interdit et que Joden adorait en murmurant : tu es la vie, celle-là ne pouvait survivre à la perte de son identité. Quand sa mémoire a fui comme une anguille entre deux rochers, son être s'est brisé. Il n'y a plus en elle assez de force pour jeter un cri, assez d'espoir pour lancer un appel. Que faire, sinon danser ? Danser, perdue parmi les perdus, les yeux clos, les mains battant le vide comme des navires démâtés, le corps enfoui sous les autres corps. Toutes ces chairs privées du formidable muscle de la mémoire ont les oscillations molles de la matière qui agonise.

A regarder Agna avec tant de fixité, Joden imagine l'avoir rejointe. Leurs deux êtres coïncident si parfaitement que chaque sensation se transmet de l'un à l'autre. Dans son cauchemar déjà, il vivait la vie d'Agna et il éprouvait au creux de son propre ventre la torture qu'elle subissait. De nouveau maintenant, il croit percevoir ce qui la bouleverse. La souffrance est en lui, en elle, pareille, longue, continue et presque paisible. Elle ne mène pas grand tapage; ce n'est pas un déchirement, ni une douleur précise avec ses accents furieux et ses rémissions comme autant d'échappatoires. Cette souffrance-là est immobile, et tapie dans le silence. C'est un précipice, un gouffre, un abîme et il faut se tenir en équilibre sur son bord. Jusqu'à l'espoir de s'anéantir qui est refusé, car la mort n'a pas prise sur elle. Celui qui s'en va rassemble ses effets avant de disparaître; il entre dans l'autre demeure avec son passé. Si la mémoire est absente comment naviguer à l'estime ? Comment mourir une seconde fois ?

T'en souviens-tu ? voudrait-il lui dire, mais ils ne joueront pas au jeu du souviens-toi. Ils ne recréeront pas ce qui a été. C'est déjà bien beau que dans cet immense saccage surgissent de l'oubli quelques images qui les réunissent.

Kadélia et Joden ont profité de ce que leur couple était rejeté au pourtour de la piste pour s'extraire de la foule des danseurs. Ils se dirigent vers le bar. Deux gardiens servent l'absinthe et le mescal. Toute l'intensité des lumières se concentre en ce lieu et lui confère un éclat presque insoutenable. Les cheveux de Kadélia verdissent un peu plus et le teint des hommes et des femmes est d'une blancheur cireuse. Le rouge des amaryllis, le feu des boissons, les sucs de l'agave et de l'armoise soulignent la pâleur des hôtes. Il y a dans leurs gestes convenus, dans la manière dont ils saisissent leur verre et dont ils posent leur coude gauche sur le comptoir en laissant au reste de leur corps la rigidité des mannequins dans les vitrines, quelque chose d'un peu irréel. Après l'austérité et la grisaille du précédent village, Joden parvient mal à s'accoutumer à cet excès de lumière et de civilités.

« Pourquoi cette fête ? interroge-t-il.

— Il n'y a pas de fête, répond Kadélia en plongeant ses lèvres décolorées dans l'absinthe. Il n'y a pas de saison, pas de calendrier, pas de date. Comment veux-tu qu'il y ait des fêtes ? »

En pleine lumière, sa robe et sa peau accusent la même lassitude. Un homme que Joden ne connaît pas et qui a sans doute été détenu dans un autre village, pose ses énormes mains onglées de noir sur les épaules de Kadélia, puis il glisse ses lèvres sous les mèches blondes de la femme qu'il embrasse au creux de la nuque. Kadélia secoue sa chevelure ternie comme une broussaille recouverte de poussière, et, sous son teint de plâtre, une soudaine tache de sang transparaît à la pointe de ses pommettes. Déjà l'homme aux énormes mains s'éloigne engoncé dans un costume sombre qui lui donne des allures de paysan endimanché.

« Le jour, tu peux chercher à comprendre, dit Kadélia à Joden d'un air de confidence. Mais la nuit, docteur, la nuit n'est faite que pour saisir ce qui passe, et pour goûter, pour goûter... »

Sa langue claque contre son palais et le liquide vert s'infiltre dans ses veines.

« Je sais, répond Joden. Je sais. La nourriture est excellente. Le soir, on danse et les nuits sont très fraîches.

— Très bien », dit-elle et son rire fripe un peu plus son visage.

Silencieux et impassibles, les gardiens surveillent la piste du haut d'un gradin en demi-cercle. Ils sont debout, les mains sur les hanches, les jambes légèrement écartées comme pour mieux assurer leur position. L'un d'eux est armé d'un projecteur très puissant qu'il braque en direction des danseurs dès qu'un bruit ou un appel suspect se fait entendre, parfois même sans raison apparente. Alors le faisceau lumineux cherche sa victime et s'immobilise brusquement sur un

104

visage, n'importe lequel. Il l'isole et ne le lâche plus. Aussitôt, le danseur pris au piège grimace, son cou se rétracte comme la corne d'un escargot, sa tête disparaît entre ses épaules, et bientôt, plus rien ne dépasse de la masse en mouvement.

« Tu avais une femme, des enfants ? interroge Kadélia.

— Peut-être.

— Tu ne sais pas ?

— Non, je ne sais pas. »

Un cri couvre les musiques, là-bas, sur la piste. Un cri de femme, un cri qui n'a pourtant rien d'aigu, un cri qui ressemble à un râle, qui vient du ventre, qui vient de tous les ventres des danseurs, comme si une seule voix prenait en charge toutes les détresses qui se côtoient, se pénètrent et se chevauchent. Ce cri, Joden le jurerait, c'est Agna qui l'a poussé et ce sont les autres aussi dont elle est la voix.

Le projecteur fouille la piste, tranche l'obscurité, oscille au-dessus des têtes comme le lasso qui va saisir le bœuf au collet. Aucune proie. Seules, tendues vers le ciel, les deux mains d'Agna marquent la mesure et jaillissent de la mêlée.

Le verre de Joden a glissé entre ses doigts et s'est écrasé au sol. Il voudrait se précipiter au secours de celle qui a crié, mais Kadélia le retient par le bras.

« Ne sois pas stupide, dit-elle en pesant de toutes ses forces pour l'empêcher d'aller plus loin.

— Lâche-moi, ou... »

Il la menace, prêt à joindre le geste à la parole.

« C'est un jeu, rien qu'un jeu, dit-elle encore.

— Un jeu ?

— Tu n'as jamais joué aux gendarmes et aux voleurs ? »

Il détache de son bras les mains de Kadélia.

« Puisque je te dis que c'est un jeu. Elle a crié uniquement pour se moquer des gardiens. »

Joden ne s'est pas retourné. C'est Agna qu'il lui faut, Agna et ses yeux verts, ses yeux clos par l'angoisse, ses yeux ouverts par le cri. Il la voit se faufiler avec difficulté entre les danseurs, et, après bien des efforts, sortir de la piste. Il voudrait la rejoindre et la serrer dans ses bras, mais il a son avertissement encore trop présent à l'esprit : je n'aime pas ce qui s'attache à moi. Si elle pouvait le chercher, si son visage pouvait confirmer le désarroi de son cri... Rien de tel. Le projecteur ne sillonne plus la nuit, et, dans la demi-obscurité, Agna jette un regard circulaire comme pour s'assurer de sa solitude; puis, soudain déterminée, elle s'éloigne de la piste. A quelques mètres de distance, Joden la suit en prenant bien garde d'étouffer le bruit de ses pas et de sa respiration.

Agna contourne l'immense bâtisse crénelée qui abrite par chambrées de quatre ou cinq le sommeil des détenus à l'heure où les musiques et les danses cessent enfin. Son pas s'accélère comme si elle connaissait bien les lieux et qu'elle ne craignait plus le regard des autres. Joden s'efforce de déjouer les pièges des buissons épineux. De la main, il écarte la hampe d'une fleur au parfum douceâtre qui lui barre la route. Un peu plus à gauche, les armoiries écarlates des rhododendrons se découpent sur les feuillages noirs et le bleu obscur du ciel. Joden ne les voit pas; il marche en aveugle. Depuis son éveil dans la chambre de l'intérieur, il ne fait que ça, marcher en aveugle.

Agna se retourne et Joden a tout juste le temps de se dissimuler derrière le tronc d'un arbre. Elle rejette ses cheveux sur ses épaules et poursuit son chemin. Au loin, les haut-parleurs débitent ces vieux refrains que Joden fredonnait le soir venu quand la brise forçait, et dont il s'émerveillait de reconnaître les mélodies et parfois même les paroles. Ainsi donc, sa première prison est toute proche. A peine deux ou trois collines à franchir. Agna le conduit-elle à son point de départ?

Faudra-t-il refaire tout le parcours pour comprendre enfin ?

Agna ralentit sa marche, puis, se retournant une seconde fois, elle observe très longuement les alentours. Aucun son ne tourmente la nuit, si ce n'est la lointaine harmonie des vagues qui épouse les rengaines musicales étouffées par la distance. Pas la moindre brise dans les feuillages, pas un seul bruissement d'aile, pas le plus petit grésillement d'insecte. Sous le regard d'Agna, l'île se pétrifie. Pierre noire, grand vestige de l'oubli.

Agna progresse de nouveau comme si chaque pas lui coûtait un effort et que la proximité du but rendait sa marche plus difficile encore. Dans l'ombre se dessine la forme d'une maison. Joden se cache dans les broussailles tandis qu'Agna s'arrête devant la porte.

« C'est moi », chuchote-t-elle, mais, dans le silence, sa voix parvient jusqu'à Joden.

Aussitôt la porte s'ouvre et une flamme très pâle qui pourrait être celle d'une bougie s'insinue par l'entrebâillement. Agna se colle au chambranle, et, de biais, elle glisse à la rencontre de la lumière. On dirait qu'une main s'est posée sur son bras et qu'une force à laquelle elle se soumet non sans réticence commande à sa volonté et la contraint à pénétrer à l'intérieur de la maison. Ses cheveux coulent à travers la fente et se teignent du bleu de la nuit. La porte se referme sans laisser apparaître le visage ou la silhouette de la personne qu'Agna est venue rejoindre.

Joden attend quelques secondes, puis, pas à pas, la tête rentrée dans les épaules, les jambes fléchies pour mieux se dissimuler derrière les branchages, il se dirige vers la maison. C'est un petit pavillon rectangulaire aux murs chaulés, aux volets de bois, qui, malgré la rusticité des matières semble être de construction récente. Nul bruit, nulle lumière ne filtre et on pourrait le croire inhabité. Joden se hasarde à en faire le tour, et, tapi sous une des fenêtres, il colle son oreille contre la paroi rugueuse.

« On te punirait si on savait ? »

La voix d'Agna, très basse et pourtant remarquablement distincte. Joden reconnaît sa manière de marteler chaque mot et de donner de l'importance au moindre murmure. Son interlocuteur mâchonne une réponse en forme d'interrogation, quelque chose comme : « Si on savait quoi ? » ou bien : « Si on savait pour toi ? » Les mots sont trop rapides, trop frêles pour que Joden les saisisse au passage.

« On te punirait si on savait que je suis là ? » reprend Agna. Elle a haussé le ton comme pour signifier qu'elle ne lâchera prise qu'après avoir obtenu une véritable réponse.

« Crois-tu qu'il puisse se passer ici une seule chose sans qu'on le sache ? »

Impossible cette fois de se méprendre sur l'origine de la voix aux accents nerveux et pointus. Il s'agit bien du docteur. C'est à peine si Joden s'en étonne. Ne le savait-il pas déjà quand il a mis ses pas dans ceux d'Agna ? Ne le savait-il pas depuis son cauchemar ? La voix du petit docteur se penchant vers le coffre pour en caresser voluptueusement les serrures, il la reconnaîtrait entre mille.

« Je ne suis pas un enfant pour qu'on me punisse, ajoute-t-il.

— Et moi, qu'est-ce que je suis ? Dis-moi ce que je suis pour qu'on m'ait reléguée ici ?

— Toi... »

Un bruit de chuchotements vite couvert par le rire de l'homme.

« Je te défends, s'écrie Agna et le rire cesse aussitôt.

— Pardonne-moi. Je ne voulais pas te blesser. »

La rage submerge Joden, mais il reste l'oreille collée contre le mur blanchi à la chaux. Des murmures, des froissements. Agna a quinze ans de moins et c'est

Joden qu'elle rejoint dans le parc. Elle porte une robe rouge, des chaussures rouges, et ses cheveux se répandent jusqu'à sa taille. Il la regarde sans faire un pas vers elle. Ne pas raccourcir la distance, ne rien perdre d'Agna, la laisser approcher, la voir. Elle sourit, mais Joden ne l'a jamais vue venir à lui sans craindre qu'à mi-chemin, se ravisant soudain, elle choisisse une oblique et s'éloigne de lui avec indifférence. Elle est là. Qu'as-tu? dit-elle. Il la touche, et, cette fois encore, il a le sentiment d'avoir échappé à quelque danger. Les cloches sonnent, c'est dimanche. Les veuves vont sortir leurs fauteuils sur les trottoirs. Les hommes ont fini de se battre. Il n'y aura plus de révolte, plus de guerre. Le Maître a dit que l'ordre était rétabli. Les morts ont été enterrés et ceux qui vivent encore ne parlent qu'à voix basse. Je t'aime, dit-il. Mais moi aussi, assure-t-elle en souriant, moi aussi.

« Tu me l'as apporté? interroge Agna.

— Non, pas ce soir, répond le docteur.

— Pourtant, tu me l'avais promis. Qu'est-ce que tu attends? Tu me l'as promis, n'est-ce pas?

— Oui, oui. Mais je ne t'ai pas dit quand.

— Je ne peux plus attendre.

— Bientôt, tu seras libre.

— Je me moque de la liberté, tu sais bien. Je ne veux pas vivre comme un fantôme, même comme un fantôme en liberté. Je suis fatiguée. Crois-moi, c'est le seul cadeau que tu puisses me faire. Aurais-tu peur? Dis, aurais-tu peur?

— Je te l'apporterai, mais, je t'en prie, n'en parle plus. »

La voix du docteur a perdu ses sonorités aigrelettes et Joden imagine la tension de son visage et la transpiration le long de son cou. C'est curieux comme cet homme est capable tantôt du maniérisme le plus insolent, tantôt d'une gravité proche de la panique.

« Viens maintenant, dit Agna d'un ton qui ne souffre pas de réplique. Viens. »

Ils se taisent ou bien ils se parlent de trop près pour que les mots parviennent jusqu'à Joden. Un simple murmure, un souffle, un soupir, et puis ces bruits de flaques des vêtements qui s'écrasent au sol. Ils doivent être nus l'un contre l'autre, nus comme n'importe quel homme et n'importe quelle femme. L'opacité du volet de bois dérobe à Joden leur image, mais il sait mieux que personne l'éclat vert du regard d'Agna et cette légère crispation de ses narines qui marque son impatience.

Il a tant de fois parcouru son visage, il l'a tant de fois vu se charger d'émotion. Il lui est même arrivé de le déchiffrer à la dérobée et les signes paraissaient s'y inscrire avec plus d'évidence. Il se souvient — il y a bien des années de cela; combien ? il ne pourrait le dire — le Maître prononçait un discours depuis le balcon du Palais et la foule se pressait sur la grande place. Dans cette ville colonisée par la végétation, où les demeures croulaient sous le poids des roses et de toutes ces grandes dévoreuses tropicales au pistil tuméfié et dru, où dans chaque anfractuosité poussait un lierre, une mousse ou un nid, où les statues verdissaient en un tournemain, seule la grande place était le domaine des hommes, et ce jour-là, pour acclamer le Maître, ils se bousculaient plus nombreux que les lentilles d'eau à la surface des bassins.

Il y avait des oriflammes, des calicots, des haut-parleurs et des musiques militaires. Tandis que les carillons des églises et les salves des canons trouaient l'air torride, le soleil à la verticale éclaboussait les cuivres et les crânes, et les hourras crépitaient comme des incendies de forêts. Agna et Joden avaient été séparés par ces courants perfides qui agitent sans qu'il y paraisse les grandes foules immobiles. Cependant

110

Joden avait pu suivre des yeux la robe rouge d'Agna, et, alors que le Maître parlait, il ne regardait que le visage de la jeune femme qui ne se sentait pas observée.

Dans le ressac des applaudissements, elle était la seule à ne pas crier son enthousiasme. Joden voyait sa lèvre supérieure frémir de colère, et, dans son regard, naissait une larme, très lentement, comme perle la transpiration sur la peau. Elle ne cherchait pas à cacher son angoisse, ni à essuyer la larme; tout au contraire, elle la laissait glisser sur sa joue.

Un homme s'était retourné vers elle et la désignait du doigt. Joden était trop loin pour entendre ce qu'il disait, mais ce devait être : « Alors, on n'applaudit pas ? » car ceux qui entouraient Agna, hommes et femmes réunis dans la même réprobation, répétèrent après lui : « Alors, salope, on n'applaudit pas ? » Elle ne semblait pas entendre et la fixité de son regard décourageait les injures. Peu à peu, autour d'elle, il y eut un vide comme si chacun craignait de frôler ce bloc de refus.

A l'intérieur de la maison, le silence s'est fait. Pas un soupir, pas un froissement; seule, venue de loin, de très loin, la vieille rengaine dont Joden connaît les paroles. Il pleure, la joue contre le mur de chaux. Quand il se relève enfin, l'absinthe le fait tituber, mais, tournant le dos aux musiques, il continue à marcher sans savoir où il va.

Bientôt un treillage l'arrête. L'île entière est une prison et il faut encore des barrières et des clôtures. Trois rangées de barbelés dont la première lui arrive à hauteur d'épaule, et un panneau jaune : DANGER, ce mot, ce seul mot, le premier depuis son arrivée, le premier depuis longtemps. Il a eu beau chercher jusque dans les détritus une étiquette ou un vieux journal froissé, espérer découvrir une marque, quelque allusion ancienne au revers d'un vêtement, rien, jamais rien.

Avec quelle patience son père lui avait appris à lire ! La phrase se désembuait peu à peu, elle gagnait en couleurs, elle jaillissait avec ses arêtes vives et ses accents, et soudain, elle avait un sens. Comme il avait aimé l'odeur de l'encre et du papier, comme il avait aimé ce monde qui s'ouvrait. Quand son père partait pour la ville et qu'il lui demandait : « Que veux-tu que je te rapporte ? » invariablement, il répondait : un livre. A chaque fois, le miracle se reproduisait. Les pays, les arbres, les animaux, tout jaillissait de rien. Oui, il l'avait tant aimé ce père qui lui donnait une seconde fois la vie. A cet événement-là, seule la rencontre d'Agna pouvait être comparée.

Il y avait eu des mots-rire, des mots-sève, des mots-fleurs et des mots-pluie. Grâce aux mots, il était dieu et diable. Il était lui et les autres tout à la fois. Les mots lui entraient par les yeux et ils allaient battre contre sa gorge, contre ses tempes, contre son ventre. Il avait des mots au bout des doigts, au bout des lèvres, au bout de chacun de ses désirs. Tu vas t'abrutir, lui disait-on parfois. Comme cela était risible !

Oui, un abruti. Il est devenu un abruti; non pas à cause des mots, à cause de leur absence. Tout a été effacé et lui-même on l'a brisé comme autrefois on rompait les membres de ces morts insoumis qui osaient tourmenter les rêves des vivants. Sans les mots, sans la mémoire des mots, n'a-t-il pas cessé d'exister ?

Les détenus retardent le plus longtemps possible le moment du coucher et ils se grisent de mescal, de danses et de musique. Durant les heures nocturnes, des liens secrets se tissent entre les mémoires anéanties des prisonniers et ce monde plus que jamais illisible.

De l'ombre, il arrive que surgisse soudain un souvenir et c'est alors, pour un court instant, l'exploration vertigineuse, comme une percée à l'intérieur des chairs et des années. L'image apparaît, puis disparaît, sans raison semble-t-il. Elle est aussi fantasque que ces lumières dont jouent les gardiens et qui tranchent l'obscurité pour s'immobiliser sur le visage d'un danseur.

Hormis ces sursauts, il n'y a que la monotonie des refrains, le parfum des fleurs qui alanguit l'air chaud, et le contact des membres en sueur et des étoffes lustrées par le temps. Tout cela pourrait ne pas finir. De tous leurs vœux, les prisonniers repoussent le jour, et les femmes qui ont peint leur visage avec le pollen des fleurs redoutent les premières lueurs de l'aube qui révéleront le saccage de leur beauté.

Les couples se défont à l'approche du matin. Les musiques s'effilochent, et, lorsque le silence prend possession des lieux, tout ce qui a été vécu à tâtons — les confidences, les étreintes, les cris et les soupirs — tout s'estompe comme si rien n'avait réellement existé et que seul l'alcool ou quelque potion magique avait suscité des chimères.

En somnambules, ils se dirigent vers le château. Il n'est même pas besoin d'user de la force pour séparer les couples. Les femmes au premier étage, les hommes à l'étage supérieur. Chacun regagne sa couche, et, la tête sous les draps, s'enfouit dans le sommeil.

Le soleil est déjà haut à l'horizon quand Joden s'éveille, pourtant les deux détenus qui partagent sa chambre dorment encore. Au bout du long couloir qui dessert tout l'étage, trois gardiens assis à une table chuchotent entre eux. Comme si l'humidité avait fait travailler la matière en profondeur, les murs du corridor sont bosselés et grenus. Le badigeon qui les recouvre d'auréoles rougeâtres s'épaissit par endroits jusqu'à ce brun un peu roux qui est la teinte du sang coagulé. Joden a l'impression d'avancer dans un boyau, ou à l'intérieur de quelque viscère, d'autant que les excréments des chats ajoutent à ce paysage organique le parfum aigu de l'ammoniac et des relents de chairs brûlantes. Mérak qui n'apprécie pas plus que Joden la cohabitation de tous ces hommes et de tous ces félins, se glisse à l'air libre sur les pas de son maître.

Il n'y a plus trace des orgies nocturnes aux alentours du bar et de la piscine. Le sable a été ratissé, les fauteuils remis en ordre. Au matin, le village donne une curieuse impression de vide et de lourdeur. On dirait que l'impossibilité d'accéder à la mer pèse sur chaque chose ainsi qu'une malédiction.

Au bas de la falaise, l'océan vient battre les immenses étendues de sable à jamais désertes et son gong fatidique se brise contre la paroi rocheuse pour renaître presque aussitôt en milliers de vibrations multipliées par l'écho. Les crabes et les coquillages concassés, les crevettes et les seiches blanchissent au soleil, et, quand une vague plus téméraire les balaie une dernière fois, cette farine animale jette une lueur d'argent glacé.

« Il faut que nous parlions. J'ai beaucoup de choses à vous dire. »

Joden n'a pu réprimer un mouvement de recul en entendant la voix du docteur et il s'en est fallu de peu qu'il ne se laisse aller à sa jalousie. Est-il possible qu'Agna lui soit de nouveau enlevée? Plus que le désespoir de la perdre, c'est l'horreur de la découvrir à ce point changée et détruite qui exaspère sa douleur. Viens, a-t-elle dit à cet homme. Viens, a-t-elle exigé, l'impatience dans la voix. Les lèvres serrées, il s'est approché d'elle. Il s'est débarrassé de son col empesé d'un geste nerveux. Il a déboutonné sa chemise, et, prenant des deux mains la tête d'Agna, il a collé la bouche de la jeune femme contre sa poitrine étroite. Ils se sont aimés très calmement ainsi qu'un couple dont chacun n'ignore rien de l'autre. A un moment même, il se peut qu'elle ait ri de Joden que le docteur s'acharnait à appeler : « Ton amoureux. »

« Allons nous asseoir », dit le docteur, et, sans attendre la réponse de Joden, il s'installe sur le gradin qui domine la piste de danse, à l'endroit précis ou les gardiens braquaient leurs projecteurs sur les danseurs, et il invite Joden à en faire autant.

« C'est d'Agna qu'il s'agit », précise-t-il.

A peine Joden entend-il prononcer le nom d'Agna qu'il se lève.

« Je vous en prie, dit le docteur, c'est grave, très grave. Croyez-moi, il faut que vous m'écoutiez; il y va de sa vie.

« — Vous parlez de vie, docteur? Il y a beau temps que vous la lui avez prise.

— Calmez-vous, Joden. J'ai besoin de vos conseils et de votre sérénité. Je sais que vous avez bien connu Agna autrefois.

— Qui vous l'a dit?

— Votre fiche.

— Elle concerne aussi ma vie privée?

— Oui, Joden. Elle signale tout ce qui fut important pour vous.

— Et alors? Que voulez-vous que je vous dise, puisque vous en savez beaucoup plus long que nous sur nos vies?

— La sienne est en danger. »

Accompagnée de deux hommes qui s'empressent de la soutenir quand ses pieds heurtent les cailloux du chemin, Kadélia arrive toute chancelante de sommeil. Elle porte la main en auvent au-dessus de ses yeux et son immense bouche carnassière exhale des soupirs de lassitude et de volupté. Plantée sur ses deux longues jambes, les cuisses entrouvertes, la taille cambrée, elle s'étire, la tête à demi renversée dans le soleil, les dents offertes.

« Bonjour docteur, dit-elle à Joden. Bonjour docteur, dit-elle au docteur. Vous vous ressemblez avec vos airs de conspirateurs. A vous voir, j'ai presque envie d'être malade. Qui de vous deux voudra bien venir à mon secours? »

Elle rit, et, sans attendre de réponse, elle s'éloigne avec son escorte.

« J'ai appris à connaître Agna et à l'aimer, reprend le docteur dans un murmure. Je sais ce que cette confidence peut avoir de choquant. Pardonnez-moi si je vous blesse et surtout ne vous méprenez pas. J'aime Agna, mais je n'attends rien en retour. Je suis pour elle le docteur, c'est-à-dire quelqu'un de méprisable.

— Vous cherchez à me consoler?

116

— Je cherche la vérité. C'est difficile ici.

— Croyez bien que je ne suis pas pour grand-chose dans le choix du lieu.

— Moi non plus.

— Vous pouviez refuser.

— Oui, répond-il après un long silence, je pouvais refuser. Je le peux encore; Agna m'a fait comprendre cela aussi. »

Il baisse les yeux et il y a sur son visage de la douceur. On dirait que l'aveu de son amour le soulage, qu'il lui procure même un certain plaisir. Il croise et décroise nerveusement ses longues jambes, il joue avec ses mains élégantes. Ses membres sont fins et étirés comme les pattes de ces oiseaux qui habitent les vases et qui ne s'y salissent jamais.

« Si la vie d'Agna dépendait de ce refus, je n'hésiterais pas.

— C'est un peu tard, docteur. Il fallait y penser avant de la torturer.

— Je ne savais pas.

— Qu'est-ce que vous ne saviez pas? Vous étiez sourd? aveugle? insensible?

— Oui, peut-être. »

A l'attaquer ainsi, Joden n'éprouve aucun soulagement; il a même le sentiment que sa colère se fortifie de seconde en seconde et qu'elle rebondit toujours plus haut. Il n'est plus qu'un énorme sac gonflé de haine. Qu'importe s'il n'en finit pas d'éructer, les filles de Danaos le gavent encore et encore de fiel. Ce n'est pas seulement la mémoire qui lui a été ravie mais aussi cette force obscure qui fait que l'homme se tient debout face à son destin et à son absurdité, et que, menacé de toute part, il persiste, prodigieusement inusable. Joden a perdu jusqu'à la conscience de sa propre réalité. Quand, par hasard, un miroir lui renvoie son image, il s'écoule un long temps avant qu'il ne se reconnaisse et jamais son reflet ne lui paraît assez laid.

A quoi bon ces yeux clairs et cette bouche parfaitement dessinée! A quoi bon ce grand front dont la crispation des sourcils souligne encore la blessure du regard!

« Agna veut mourir », dit le docteur, la voix brisée par l'émotion.

A peine a-t-il prononcé ces mots que ses petits yeux jaunes se ferment et qu'il enfouit sa tête dans ses mains.

« Elle m'a supplié de l'aider à mourir et j'ai dû promettre de lui fournir un poison.

— Vous le ferez? »

Il relève la tête et ouvre les yeux. Ils sont face à face et leurs regards se mêlent pour la première fois.

« Depuis le commencement, je sais qu'elle n'a accepté nos rencontres que pour se procurer ce poison. Je ne pourrai pas reculer indéfiniment l'échéance. »

Joden se souvient des paroles d'Agna dans la maison aux murs chaulés. Il se souvient aussi de son impatience. C'était donc au-devant de sa mort qu'elle allait la nuit venue. C'était donc cet homme-là, avec ses petits yeux jaunes et ses mains d'esthète, qui la lui donnerait.

De nouveau, l'ancienne blessure s'ouvre. Il voit Agna s'éloigner de dos et la marche de la jeune femme est lente, on dirait que ses jambes s'enfoncent à chaque pas dans les vagues ou dans les dunes. Malgré ses efforts, Joden ne parvient pas à la rejoindre; malgré ses appels, il n'obtient d'elle aucune réponse. Pourquoi est-il le seul qu'elle n'entende pas?

« Je n'ai aucun pouvoir sur Agna, dit enfin Joden. Je ne possède ni son amour ni sa confiance.

— Vous vous trompez.

— Comment pouvez-vous l'affirmer? Est-il inscrit sur sa fiche qu'elle m'ait aimé?

— Pas sur sa fiche, mais dans son corps, dans sa mémoire.

— Dans sa mémoire?

— Oui, malgré le traitement et la prison.

— Malgré vous ?

— Malgré moi. »

Le docteur a enlevé sa veste, retroussé les manches de sa chemise, déboutonné son col, et déjà, le torse légèrement penché en avant, et le front pointé sur l'adversaire, il est prêt à s'élancer. Pour Agna, il veut bien oublier ses prérogatives et n'être qu'un homme comme les autres qui lutte pour son bonheur. Il ne craint même pas de se confier à Joden. Son enfance est sur ses lèvres, et, vu d'ici, chaque événement, chaque tristesse passée le mène inéluctablement vers Agna. Une seule femme pouvait combler ses désirs et il n'était même pas nécessaire qu'elle l'aimât en retour.

Le docteur devenu bavard parle de la sécheresse de sa mère et de la bouillie de reproches qui sortait de sa bouche. Enfant, son unique plaisir était de jouer du violon. Un jour, un virtuose venu tout droit de Paris pour donner un concert au Palais fut invité chez sa mère et l'enfant-violoniste interpréta une fugue devant lui. Le virtuose félicita l'enfant et lui prédit le meilleur avenir. Le soir même, la mère relégua le violon au grenier et dit que désormais plus rien ne distrairait son fils de ses études. Il aimait courir, aussi tous les sports furent-ils rayés de son emploi du temps.

« On m'a appris à travailler et à obéir, conclut-il en repoussant d'un geste nerveux la mèche qui lui barre le front.

— Agna est en danger et vous me parlez de vous.

— Aidez-moi à la sauver.

— Que m'offrez-vous en échange ? »

Joden a prononcé ces derniers mots sans avoir eu le temps d'en mesurer la portée. Il redoute plus que tout le silence qui le mettrait dans l'obligation d'affronter la menace qui pèse sur Agna.

« Dites ce que vous désirez et j'essaierai de vous satisfaire.

— Je veux lire ma fiche, répond Joden précipitamment comme s'il cherchait à masquer par la rapidité des mots la honte que lui procure ce marchandage dont dépend peut-être la vie d'Agna.

— Je ne peux ouvrir le coffre qu'en présence de deux gardiens; et même si je parvenais à subtiliser votre fiche, elle ne vous apprendrait rien puisqu'elle est écrite dans un langage codé.

— Un petit effort, docteur, vous oubliez l'enjeu.

— Non, je n'oublie pas et je m'étonne que vous puissiez plaisanter.

— Qui vous dit que je plaisante? »

Les joues du docteur se sont empourprées. La colère monte en lui, d'autant plus violente qu'elle doit demeurer secrète.

Joden se souvient des poings de ses geôliers, du tabouret bancal et de l'immense vide dans sa tête; il se souvient surtout d'Agna, de son regard en détresse et de la fatigue aux alentours de ses yeux. Qu'il paie donc, le petit docteur! Qu'il paie pour avoir outragé la vie! Combien devra-t-il subir d'humiliations et de grandes douleurs d'amour pour en être quitte? Combien de crachats sur sa chemise empesée, de coups de poignard dans le bas-ventre et de tempêtes au fond de ses orbites?

Le soleil pèse sur les hommes, et, de temps à autre, le docteur tire de sa poche un grand mouchoir bleu, ourlé à la main, avec lequel il tamponne ses tempes et son cou. Pour essuyer sa transpiration, il a ce geste délicat des femmes à la houppette qui fignolent leur maquillage au fond d'un miroir. Parfois, un mouvement plus brusque trahit sa colère ou sa souffrance.

« Je ne plaisante pas, docteur, répond enfin Joden. Dites-moi seulement pourquoi je suis là et je vous aiderai.

— Vous exigez de moi la trahison d'un secret.

— A vous de réfléchir. »

Les détenus sont maintenant éveillés. Quelques-uns marchent au bord de la falaise, frôlant du regard la mer inaccessible, d'autres s'ébattent dans la piscine ou s'assoupissent sur les matelas et les chaises longues. Eware et Arihméleb discutent près de la piste de danse avec trois grands hommes bruns. Une jeune femme se dirige vers eux; elle se nomme Ouzza mais le plus souvent on l'appelle la fiancée, car elle est la fiancée de tous depuis le jour où on s'est aperçu qu'elle allait être mère et que l'un des détenus était le père de son enfant. Lequel d'entre eux? On n'a pas cherché à savoir. Jusque-là, en dehors de quelques chatons, il n'y a jamais eu de naissance dans l'île, aussi les prisonniers attendent-ils l'heure d'Ouzza avec la secrète espérance que le cours des choses en sera changé.

Eware s'est porté au-devant d'Ouzza et il l'a fait asseoir sur le gradin le plus bas. Très doucement, il caresse son gros ventre renflé sous la cotonnade à fleurs et Ouzza se laisse faire, les yeux dans le vague. On dirait qu'elle ne perçoit ni le soleil sur ses paupières à demi baissées ni la main d'Eware qui câline son corps. Sur son petit visage qui a les traits un peu flous des statues usées par le gel et le vent, ne se lit que l'indifférence. Deux ou trois fois pourtant, ses lèvres s'ouvrent juste assez pour laisser fuser un petit rire de tête qui ne modifie en rien l'étrange vide de son regard.

Ces yeux, ce rire... Joden se rappelle la marchande de poissons qui criait : « O, mes belles sardines toutes fraîches, mes belles sans-sel ! » A ses côtés, il y avait une fillette dont le regard semblait se perdre au loin comme celui d'Ouzza. Parfois, la bouche de l'enfant s'entrebâillait et un rire de tête s'échappait d'elle comme par mégarde. Où les avait-il donc vues, cette femme aux mains pleines d'écailles et sa fille à l'étrange figure ?

Au bord de la piste, Eware pose son oreille sur le ventre d'Ouzza. Puis il se redresse, et, après avoir jeté un regard à la ronde, le doigt sur la bouche pour intimer à chacun l'ordre de se taire : « Chut ! s'écrie-t-il. Ecoutez tous. Si la mère se tait, l'enfant parle déjà. Il dit : soyez patients, je ne vais pas tarder à venir et je vous promets d'être aussi neuf que les anciens jours. »

Eware bondit au beau milieu de la piste, et, cherchant en vain à distraire de sa fixité le regard d'Ouzza, il grimace comme un clown, gesticule et saute en l'air. La gentillesse de son visage et l'éclat rougeoyant de sa chevelure dans le soleil lui donne l'air d'un farfadet des îles. Le docteur et Joden le regardent en silence. Entre eux, il y a la présence d'Agna et cette jalousie qui, tout à la fois, les unit et les dresse l'un contre l'autre.

« Les détenus sentent que leur mémoire se repeuple progressivement et qu'ils vont vers leur guérison, fait remarquer le docteur.

— Quel soudain optimisme ! Vous vous êtes bien vite accoutumé au spectacle de ces hommes qui courent à reculons et vous vous apprêtez à applaudir très fort celui qui arrivera le dernier. Sur qui pariez-vous, docteur ? Avez-vous fait votre choix ?

— Je ne serai plus longtemps l'arbitre de cette course. Croyez-moi, Joden, nous ne sommes pas si différents. »

Deux hommes sensiblement plus âgés que le docteur et vêtus comme lui de costumes clairs promènent sous de grands chapeaux de paille des airs circonspects. Ils saluent d'un hochement de tête les détenus qui leur répondent : bonjour docteur, fort poliment. On échange des considérations anodines sur le climat et la température de l'eau. On est en villégiature entre gens de bonne compagnie.

A vivre côte à côte, peu à peu, les médecins et les prisonniers se ressemblent. Sur leurs visages, le même sourire affable et un peu las. Dans leurs gestes, la même lenteur due à l'ennui. Jusqu'à leurs démarches qui sont identiques avec cette hésitation que l'on voit aux vieillards, aux promeneurs du dimanche, à tous les grands tueurs de temps.

« Comme moi, dit le docteur, vous avez été pris au piège de la bassesse. Je vous parle de la vie d'Agna et vous me répondez par un marchandage. Vous êtes devenu exactement ce que vos bourreaux souhaitaient. Vous n'avez plus de muscles, Joden. Bientôt, vous pourrez partir; vous avez cessé d'être dangereux. »

Il se tait un instant, les yeux dans ceux de son ennemi, puis il essuie la transpiration sur son front, et son geste, cette fois, est curieusement calme. Quand il parle à nouveau, sa voix a perdu ses sonorités aigrelettes : « Ils sont forts, poursuit-il sans détourner son regard du regard de Joden. Ils sont polis. Inutile pour eux d'utiliser la menace ou la torture. Ils vous assèchent par la racine. Ne sentez-vous pas que la sève ne monte plus ? Ils peuvent sourire; ils savent que vos feuilles sont tombées. Vous retournerez dans la ville, et rien ne sera plus comme avant, mais de cela vous en serez à peine conscient. Vous êtes devenu un homme caduc. Voilà pourquoi Agna refuserait même la liberté si on la lui offrait. Elle sait que ce mot ne veut plus rien dire. Il n'y aura jamais plus de liberté.

« Alors, à quoi bon tenter de lui prouver le contraire ?

— Pour nous battre encore une fois. Si ce n'est pour elle, battez-vous pour vous.

— Pas avant que vous me disiez qui j'étais.

— La chose est facile : vous étiez médecin, comme moi.

— Ce n'est pas ce que je vous demande. Cela je le sais depuis longtemps.

— Vous mentez. »

La voix du docteur est redevenue aiguë, comme si la

colère ou d'anciens réflexes l'avaient fait prononcer ces mots-là.

« Comment le saviez-vous ? reprend-il d'un ton plus rasséréné.

— A votre regard. Vous aviez peur de moi comme de votre image.

— Tous les prisonniers s'inventent des romans.

— Roman ou pas, mon intuition était juste. En me retrouvant ici, Agna m'a appelé docteur. Etait-ce dû, sous le coup de l'émotion, à un soudain réveil de sa mémoire ? Ou bien, nous confondait-elle tous deux dans son affection ?

— Puisque vous êtes si bien instruit de votre passé, que voulez-vous d'autre ? »

Joden marque un temps avant de répondre. Il n'a plus devant lui le gandin au coffre métallique, l'étranger venu en inspection avec son costume d'un autre monde. C'est dans les yeux d'un homme qu'il plonge son regard.

« Comment vous appelez-vous ? » interroge-t-il.

Une petite encoche brune se fiche dans les yeux d'ambre du docteur qui paraissent alors douloureux, tandis que sa bouche esquisse un sourire un peu amer. Il va avoir un nom. Il va devenir vulnérable.

« Je m'appelle Namir », dit-il.

Au loin, la mer brille comme une lame de cuivre. Le soleil au zénith fait mourir les ombres et le murmure des insectes qui vient des entrailles de la terre ressemble aux premiers crépitements d'un incendie. On dirait qu'au feu du ciel répond un feu souterrain. Joden apprend le nom de son ennemi et le goût du combat.

« Vous êtes Namir, je suis Joden. Nous sommes tous deux médecins. D'où vient donc que je sois votre esclave ?

— Vous enviez ma place ? Comme vous avez changé, Joden !

— Ne vous dérobez pas. Pourquoi a-t-on voulu me

124

supprimer? Dites seulement ce qui figure sur la petite fiche bleue.

— La raison en est simple, presque évidente. C'est à peine si vous avez besoin de mon aide pour la deviner. »

L'entaille brune s'agrandit au fond de son regard et ses paupières frémissent. Il semble redouter d'aller plus loin dans la confidence. Joden le fixe avec intensité. A son tour de jouer avec la peur de Namir comme autrefois le docteur s'amusait de son pouvoir sur les détenus. Les mains qui caressaient le coffre, les doigts qui pianotaient avec désinvolture sur la fiche cartonnée se crispent et s'immobilisent. Les phalanges trouent la peau qui se marbre de rose et de blanc. Namir ira jusqu'au bout, le front triste et décidé de ceux qui courent à leur perte.

« Vous avez osé dire non, reprend le docteur. Vous avez refusé que vos découvertes et celles de vos amis soient utilisées par le Maître pour mutiler les opposants. Je vous ai admiré mais je n'ai pas su en faire autant. L'esclave, ce n'était pas vous Joden, ni aucun de ceux qui sont ici; l'esclave, c'était moi.

— C'est vous.

— Peut-être plus pour longtemps. Les choses changent même quand elles paraissent immuables.

— Vous avez choisi votre camp.

— Je croyais avoir choisi. »

Joden n'a toujours pas lâché le regard du docteur et il poursuit ses accusations pour éviter l'instant où il sera confronté à l'autre Joden, le Joden oublié, inattaquable, solide, le Joden qu'il ne reconnaît pas et qui l'éblouit comme ce ciel d'émail dont le bleu intense désespère toute vie. Les musiques ont beau déverser leurs douceurs, le soleil pèse sans rémission sur les écailles de schiste et les chats qui cherchent l'ombre descendent de la colline ainsi qu'une coulée de lave. Les animaux et les gens retiennent leur souffle; il n'y a que la piscine qui respire encore quand la longue vague mousseuse la sillonne de part en part et que la voix sans corps jette son appel invariable : Attention ! Attention ! la vague arrive.

Quelle réalité a-t-il le Joden d'autrefois ? Son front n'est pas encore barré par la double ride perpendiculaire aux sourcils. Il a réussi brillamment ses études, et, si on le jalouse un peu, sa gentillesse et ses succès lui confèrent une sorte d'autorité morale sur ses confrères. On ne connaît rien de sa vie privée, et, comme il est beau et solitaire, le bruit court les amphithéâtres qu'il n'a jamais pu oublier un premier amour malheureux et que le travail qu'il s'impose est une manière pour lui de ne pas sombrer dans le désespoir.

« Le portrait est un peu flatté », proteste Joden.

Le docteur ne prend pas garde à l'interruption, ni au regard de Joden.

« Et puis un jour, poursuit-il, vous apprenez, je ne sais comment, l'usage que l'on fait de vos recherches sur le système nerveux et le cerveau. Vous envoyez aussitôt au Maître une lettre que vous prenez soin auparavant de faire imprimer et distribuer à travers le pays. C'est un 26 février au matin; le soir même, vous êtes arrêté. Il n'y a plus de Joden. Voilà tout. »

Il remet en place une mèche que la transpiration a collée sur son front, puis il murmure les mâchoires serrées comme si cet aveu lui coûtait plus que tout : « Je vous envie, Joden. Ces événements ne m'ont pas moins entamé que vous, et la honte est pour moi seul.

— Je devais bien avoir des amis. Personne ne s'est inquiété de ma disparition ?

— Depuis longtemps, vous étiez mis au secret dans un somptueux laboratoire. Vos recherches étaient à la fois clandestines et sacrées. Du silence à l'absence, il n'y a qu'un pas.

— Pas un seul ami, pas une seule femme pour me pleurer ?

— Si, bien sûr, mais les larmes sont impuissantes. On a pleuré Kadélia, Arihméleb, Eware, Agna. Cela n'a pas réussi à émouvoir un peuple exténué par les deuils. La peur est la plus efficace des polices.

— Vos yeux brillent, docteur. Ce secret que je vous ai arraché, on dirait maintenant que vous prenez plaisir à le violer.

— J'aime celui que vous étiez.

— Taisez-vous. Je ne veux plus entendre parler de lui.

— Tiendrez-vous votre promesse ?

— Bien sûr.

— Faites vite, je vous prie. »

Joden s'est levé, et, sous le soleil, il marche vers le château à petits pas hésitants. Il se souvient d'un jeune garçon vêtu de sa seule joie qui courait au bord de la plage. Il veut bien retrouver l'enfant ; il refuse l'adulte. Agna s'approche de lui, son long regard vert tout ébloui de lumière et il craint de l'entendre dire à son tour : j'aime celui que vous étiez. Quand elle arrive à sa hauteur, il détourne la tête. Joden, appelle-t-elle très doucement. Il ne répond pas. Joden, répète-t-elle. Il s'enfuit sans la regarder. Il ne pourrait dire à cet instant précis de qui il est le plus jaloux : de Namir ou du Joden d'autrefois ?

Agna a de longues jambes que le soleil teinte de ce brun qui garde un reflet doré même dans ses nuances les plus sombres. Aux endroits où sa peau conserve sa couleur originelle, une pâleur soudaine contraste avec la chaleur du bronzage. Il y a dans sa minceur quelque chose de curieusement préservé, comme si toutes les souffrances s'étaient inscrites sur son visage, aux alentours des yeux et au coin des lèvres, laissant au reste de son corps une apparence virginale.

Elle est une plage au pied de la falaise. La mer vient y battre les soirs de grande marée et s'en retire avant l'aube. La dernière vague remporte ses bavures de goémons, et l'écume lustre le rivage et lui confère le brillant d'une jeunesse éternelle. Les hommes ne s'y aventurent que rarement car la falaise est abrupte, et si l'un d'eux trouve le chemin, la brise a tôt fait d'effacer la trace de ses pas. Les coquillages hachés menu par les remous des eaux prennent les teintes profondes et mordorées de sa chair à nu.

Joden parcourt le corps d'Agna comme l'on chemine, le long d'une grève que l'on croyait imaginaire. A trop rêver, les sens s'exténuent, et, pour un peu, le voyageur ferait demi-tour. Il craint de ne pas savoir regarder, toucher, sentir, aimer. Ainsi, certaines plages sont-elles

128

bien plus sûrement protégées par leur beauté que par les interdits qui pèsent sur elles.

« Encore une fois », dit Agna.

Encore une fois, dit-elle, et Joden tremble déjà à l'idée que chaque instant peut être le dernier. La mort est entre eux depuis toujours, la mort est dans chaque étreinte. Qu'importe le lit, la salope s'introduit dans les maisons et court le gibier au fond des bois, sur les trottoirs et dans les allées découvertes. Cela Joden ne l'a jamais ignoré, mais depuis la confidence de Namir, il sait aussi que la mort a séduit Agna. C'est pour la rejoindre au plus vite qu'elle a aimé le docteur. Pour elle encore, qu'elle a désiré connaître une dernière fois les bras de Joden. Toute gorgée de vie, les pommettes roses, le corps brûlant. Agna veut sentir encore une fois le sang remuer dans son ventre avant de s'en vider d'un coup.

« Nous avons tout le temps, dit Joden.

— Crois-tu ? » interroge-t-elle et elle rit en rejetant la tête en arrière. Les veines et les tendons saillent sur son cou. Avec ce désir de mort qui monte en elle, Agna a acquis une autre perception des êtres et des choses, et, dans la sphère où elle l'entraîne, Joden craint de ne plus jamais être maître du jeu. Depuis la confidence de Namir, il a attendu plusieurs jours avant de parler à Agna et de la retrouver dans l'amour. Le sentiment de son impuissance l'envahissait. Parmi les rares souvenirs sauvés de l'anéantissement, il y avait le rappel du moment où elle avait senti l'enfant pousser dans son ventre et où elle s'était éloignée de lui. Dans la ville envahie par les ramures, les floraisons, les parfums mielleux et les immenses lianes, elle s'était perdue ainsi qu'en pleine forêt. Il l'avait cherchée en vain entre les vieux murs croulant sous le poids des feuillages, le long des demeures qui reproduisaient dans leur architecture les courbes et les entrelacs des végétaux. Elle n'avait reparu enfin qu'après avoir extirpé d'elle l'enfant comme on arrache une mauvaise herbe. Peut-être, disait-elle déjà : « J'ai horreur de ce qui s'attache à moi ; jusqu'à mon ombre que je déteste. » Elle n'aimait plus Joden. Elle reniflait l'air du matin avec la gourmandise de l'animal rendu à ses herbages après une longue captivité.

Pourquoi, cette fois-ci, réussirait-il mieux à la retenir ? Il a honte de lui offrir ce visage usé et cette carcasse trouée par l'oubli et la lâcheté. A-t-elle encore en mémoire l'autre Joden ? Plus que tout, il craint d'affronter son jugement, et quand, après le rire, les yeux d'Agna s'ouvrent et le fixent soudain, il sent sa volonté faiblir.

« Aime-moi comme tu n'as jamais aimé, dit-elle, comme tu n'aimeras jamais. Et, même si c'est faux, fais-moi croire à la vérité. »

Il n'y a plus de village, plus d'île, plus de gardiens. Il n'y a plus de ville, plus de Maître, plus de veuves. Il y a cette étrange force qui transfigure Agna et rend son regard plus brillant que celui de Mérak. Elle tend les bras vers lui, de longs bras faits pour jaillir des plis d'une tunique et pour maintenir avec souplesse un fardeau en équilibre sur la tête.

« Et Namir, interroge Joden, il sait t'aimer comme tu le lui demandes ?

— Tu connais son nom ?

— Je sais tout. »

Les bras d'Agna se tendent toujours vers lui. Ils ont la candeur des bras d'enfant qui exigent le baiser maternel avant le sommeil. Des bras interminables. Joden ne peut résister à l'attraction de ce corps dont le désir est si intense, la folie si insatiable.

« Ne pars pas, supplie-t-il en l'enlaçant.

— As-tu vu les barbelés, la tour des guetteurs et la tête des gardiens ? Comment peux-tu parler de partir !

— Reste, reste, répète-t-il comme s'il n'avait pas entendu la réponse d'Agna. Une seule chose importe : tu ne dois pas mourir. »

130

Elle a un soubresaut nerveux et elle repousse Joden avec tout autant de force qu'elle l'avait attiré à elle. Puis, les cheveux en désordre, elle se dresse nue et froide.

« Namir t'a raconté, dit-elle. Je pensais que tu n'avais pas besoin des confidences de tes geôliers.

— Tu as bien besoin de leur amour.

— Tu appelles cela l'amour ? Alors tu as vraiment tout oublié.

— Et toi, te souviens-tu seulement de nous deux ? Dis-moi Agna, t'en souviens-tu ? »

A cet instant-là, il donnerait tout pour qu'elle lui réponde oui. Comme si le souvenir dépendait de l'intensité du sentiment passé, comme s'il était encore en leur pouvoir de choisir ce qui fut.

Joden répète sa question d'une voix opiniâtre. Il croit encore aux mots pour briser le grand gel de l'oubli. Nous nous sommes connus, dit-elle, retrouvant sans le vouloir les mots de leur première rencontre. Longtemps, Joden ne fut pour elle qu'un visage aperçu à l'heure où l'esprit balance entre la veille et le rêve. Puis, à force de volonté, elle contraignit cette vision à devenir une présence presque constante. Tandis que les femmes qui partageaient sa chambre appelaient dans leur sommeil les hommes qu'elles avaient aimés, lui vivait auprès d'elle sans avoir de nom, ni de passé. Le passé, elle n'en voulait plus. Il était sorti d'elle comme un excrément.

Plus tard, quand elle prit l'habitude de rejoindre Namir dans la petite maison aux murs chaulés, elle parla au docteur d'un homme qu'elle avait aimé et dont l'image ne la quittait pas. A chaque rendez-vous, elle venait accompagnée d'un autre et ses regards et ses pensées étaient ailleurs. Elle jouait de cette situation afin d'exaspérer les sentiments de Namir et de le rendre fou de jalousie. Un soir même, il voulut l'étrangler et elle ne dut qu'à un ultime sursaut de dénouer les mains de

131

Namir. Depuis longtemps, elle espérait qu'il la tuerait, mais, après cette scène épouvantable, Namir se radoucit comme s'il s'accoutumait à l'idée de ne jamais être aimé. La fiche d'Agna lui apprit l'identité de son rival, et, comme preuve de sa générosité, il promit à Agna d'abréger le séjour de Joden dans l'autre village et de leur permettre ainsi de se retrouver. Il préférait l'indifférence d'Agna à sa mort et il espérait en secret que Joden saurait calmer son désespoir.

« Ne pars pas, répète Joden. Nous guérirons ensemble.

— Non, je ne guérirai jamais. »

Entre elle et les autres, chaque jour s'élargit une sorte de fossé infranchissable. Quand elle crie prends-moi, ses mains n'étreignent que sa solitude, et quand son corps jouit enfin, c'est presque contre sa volonté. Son désir ne débouche sur rien, et, aussitôt calmé, il fait place à une détresse encore plus aiguë. Il lui arrive alors de se souvenir de la ville, du parc et de l'immense escalier de pierre dont les degrés ne menaient vers aucun temple, aucun palais, aucune perspective. Au fur et à mesure de l'escalade, les alentours se dérobaient à la vue et le sommet de l'édifice s'en allait se perdre parmi le fouillis des cédratiers, des bambous et des racines aériennes.

« Ce n'est pas par accident, ni par hasard, dit-elle, que ma mémoire s'est dissoute. Il ne s'agit que d'une étape dans la progression d'un mal que je connais bien. Isolée des autres, je le suis maintenant de moi-même. Je me rétrécis de jour en jour au point de disparaître sans que rien au monde soit changé. Je m'éloignerai d'ici comme je me suis éloignée de la ville.

— Agna?

— Oui.

— Et moi? Tu m'oublies?

— Tu es le seul que je n'aie pas tout à fait oublié.

— Laisse-nous le temps de nous retrouver. »

132

Elle sourit, mais son corps et son regard ne sont que refus. Il se souvient — c'est curieux comme seul ce qui se rapporte à Agna semble ne pas avoir été effacé de sa mémoire — il se souvient qu'elle lui disait éprouver une sorte d'invincible dégoût à sentir les yeux et les mains des autres se poser sur elle. Depuis son adolescence, tant d'hommes avaient voulu s'emparer de sa volonté. Il y avait des mains partout, des mains qui se crispaient sur ses bras, sur ses jambes, sur ses épaules, des mains qui voulaient la retenir coûte que coûte. Elle n'arrivait pas à détacher d'elle tous ces doigts, aussi tranchait-elle dans le vif, bien rouge, bien saignant, d'un coup sec comme on tue un canard dans la cour d'une ferme. Pourquoi fallait-il toujours combattre au point de ne plus distinguer ses amis de ses ennemis ? Y avait-il des amis ? L'amour ne négligeait aucune ruse de guerre. L'amour avait des armes. L'amour multipliait ses griffes et ses crampons.

« Te souviens-tu de notre enfant ?

— Quel enfant, Joden ? »

Elle dit non au souvenir, et peut-être, l'invente-t-il cette ville qui ressemblait à Agna. Comme elle, les rues étaient faites pour le bonheur, et la pleine lune étourdissait de son bleu sombre les petites places obscures. Chaque passant était une pierre précieuse et on avait envie de crier que la nuit était belle. Une sorte de folie aérienne menait d'un minuit à l'autre et portait à croire que tout était encore possible. La moindre brise ravivait le furieux désir de vivre et les langues des promeneurs se déliaient. On parlait, on respirait, on tournait vers le ciel des visages d'extase. Le boulanger fabriquait la vie du lendemain tandis que les amants se rejoignaient dans le plaisir.

Agna et Joden marchaient dans le temps de la ville. Elle disait qu'il faut tout aimer, que chaque être est la somme de tous les autres et qu'il se prolonge bien au-delà de lui-même. Elle était la jeunesse, elle était le désir et elle le conduisait vers l'étoile du matin

Au petit jour, les visages étaient soudain marqués par la lassitude et une lueur blême révélait l'effroyable réalité des taudis. La joie était morte, morte aussi la pleine lune. La clarté empoignait toute chose, et, sous son assaut, les murs se craquelaient comme une peau trop sèche. Du claquement de ses bottes, la garde montante éveillait la grande place et les clochards s'enfuyaient à toutes jambes. Gare aux traînards ! ils connaîtraient la moiteur des cachots.

Près de l'avenue des Seigneuries, les notes de la guitare ricochaient sur les flocons des bougainvillées et des balsamines et le soleil faisait de chaque humain un tournesol tendant ses pétales subjugués vers le Maître. Dans le labyrinthe des bas quartiers, des femmes aux visages maussades et aux jambes lourdes faisaient la queue aux fontaines et les odeurs de suint et d'égouts empuantissaient les venelles.

Au bonheur fugace de la nuit succédait l'implacable rigueur du jour. La lumière colonisait la cité et sa dureté était telle qu'il était vain d'espérer quelque rémission.

Ville en noir et blanc, ville de contrastes où les hommes semblaient tout juste tolérés. Le vrai drame se jouait entre le minéral et le végétal, et si le Palais du Maître imposait sa loi, il y avait encore de la sève à la maîtresse branche du mancenillier. Ville toute de nuit ou toute de jour, ville qui se donnait ou se refusait en bloc. Joden craignait l'aube comme si elle annonçait chaque fois la fin de leur amour. Il sentait confusément qu'Agna pouvait devenir aussi dure que cette lumière de diamant qui assassinait la ville.

« Je ne cherche plus à me souvenir, dit encore Agna, je me laisse effacer par le temps. Dans ta mémoire, bientôt je ne serai plus qu'un point. Bien des étoiles se perdent ainsi dans l'espace, certaines ont eu un nom et ce nom ne les a pas aidées à survivre. Il est meilleur de mourir par soi-même que de se soumettre à la loi des autres. »

Malgré la lassitude et les cernes de ses yeux, Agna n'a pas changé. Le même regard buté, la même façon de porter le menton en avant. Joden lui parle, mais il sait déjà qu'il ne pourra en rien modifier ce qu'elle a choisi. La crispation de sa bouche et de son front est le signe perceptible de l'inéluctable. Il aura beau supplier, raisonner ou promettre les bonheurs inaccessibles, Agna est devenue sourde, Agna n'entend plus qu'elle-même. Elle ressemble à cette ville à laquelle elle a autrefois appartenu et qui aimait trop la liberté. Sa passion excessive l'emportait vers les débordements et les massacres. Les règles se dissolvaient dans l'ivresse du tout est possible. Alors, effrayée par sa propre folie et son intempérance, elle faisait une volte et se précipitait dans les bras d'un maître ainsi que le débauché revêt le cilice pour suivre le cortège des pénitents. Pour elle désormais, aucune plaie n'était assez profonde, aucune déchirure assez sanglante. La volupté des sens n'est rien auprès de la fureur du sacrifice.

Sous le soleil à son zénith, les rochers érigent la blancheur crue de leurs multiples facettes et les rares oiseaux de mer qui s'y posent semblent être absorbés par leur ombre et ne plus pouvoir décoller leur bec, ni leurs pattes, de la paroi décapée par les vents.

« Je suis mortelle, dit Agna. Autant en finir tout de suite. »

Vue de la mer, l'île est un miroir et les migrateurs qui se laissent prendre à son piège sont condamnés à embrasser leur reflet, ainsi entrent-ils de plein fouet dans le néant. Je partirai, je partirai, murmurait autrefois Joden. Il sait aujourd'hui qu'on ne s'éloigne pas si facilement.

Les danseurs sont couchés depuis quelques heures à peine, et, derrière leurs paupières closes, ils ne parviennent pas à oublier l'éclat rougeoyant des lampes qui veillent au plafond de chaque chambre et accompagnent les nuits tout comme les musiques des haut-parleurs rythment les jours.

« Au secours ! Au secours ! »

Vêtue d'une longue chemise blanche, les cheveux dressés autour de son visage crispé par l'angoisse, Kadélia court le long du couloir aux parois sanguinolentes. Ses cris suspendent les gestes des quatre gardiens. Les cartes à la main et la bouche entrouverte, ils la regardent venir à eux et on dirait des automates dont les ressorts se seraient brisés en pleine exhibition.

« Vite ! Vite ! Elle ne bouge plus. Vite, j'ai peur que ce ne soit trop tard. »

Les cartes glissent de leurs doigts, et le plus âgé des quatre appuie sur la petite sonnette posée au milieu de la table. Aucun timbre ne retentit mais les lampes rouges se mettent aussitôt à clignoter. En quelques secondes, un renfort de gardiens est sur les lieux. Chaque homme prend position devant la porte qu'il vient de verrouiller, tandis que les quatre joueurs se précipitent à la suite de Kadélia.

« Mauvais jour, mauvais soir, mauvaise nuit », grogne le plus âgé.

Depuis la veille, on pouvait prévoir à certains signes que quelque chose d'irrémédiable allait se produire. Dès le lever, les femmes s'étaient aperçues de la disparition d'Ouzza et toutes les conversations matinales avaient pris un ton de détresse. Son départ était différent des autres. Sans elle, sans la fiancée, plus de naissance et plus d'espoir. Le cri de l'enfant n'éveillerait pas l'île, et, soudain privés de cet événement qui devait modifier les lois du village ainsi que l'apparition d'une comète rend caduques les anciennes prévisions, les détenus se sentaient encore une fois atteints dans leur chair.

Cette déception aggravait le mécontentement général. Au cours des dernières semaines, il n'y avait pas eu d'arrivage de vêtements et cette privation avait paru insupportable à ces hommes et à ces femmes qui avaient pourtant subi bien pire. Fini le doux toucher des soies et des velours, finie la surprise des couleurs et des formes. La monotonie des jours et l'oubli du passé rendaient nécessaire ce chatoiement à fleur de peau qui masquait le vide intérieur. Mais les étoffes jetées pêle-mêle sur la natte de raphia étaient bien plus que cela. Chacun les recevait comme des messages venus de l'autre monde. Qui avait transpiré dans cette robe marquée de deux auréoles à la hauteur des aisselles ? Quelle valse avait défraîchi l'ourlet de cette jupe ? Où brillait-il le soleil qui avait décoloré cette chemise ? Ils croyaient lire sur chaque col élimé et dans la moindre plissure de corsage quelque signe de l'au-delà.

La veille, au lieu de revêtir une fois encore des oripeaux dont ils étaient las, ils décidèrent de danser nus. Les gardiens ne manifestèrent pas leur réprobation, mais ils braquèrent tous leurs projecteurs sur les corps des détenus qui s'en allèrent se noyer dans une étrange lumière d'aquarium qui semblait être celle d'un soleil au nadir, un soleil de mort.

Les quatre gardiens qui jouaient aux cartes entrent dans la chambre à la suite de Kadélia. Deux femmes sont assises sur leurs lits, et, recroquevillées, le menton entre les genoux, elles tremblent de froid et de peur. Elle ne prêtent aucune attention aux nouveaux venus; leurs regards sont fixés sur le visage légèrement incliné à droite d'Agna.

La bouche et les yeux de la jeune femme sont à demi ouverts, ses paumes tournées vers le plafond, ses jambes à peines disjointes. Tout son corps semble peser sur le matelas et s'y enfoncer comme s'il avait soudain acquis cette étrange densité des félins assoupis. Les deux femmes qui veillent de part et d'autre de son lit dans une attitude rigoureusement symétrique essaient en vain de réprimer leur tremblement; on dirait qu'elles craignent de rompre le parfait abandon d'Agna par les mouvements incontrôlés de leurs lèvres et de leurs mains. Elles ont compris d'emblée, et bien avant de toucher Agna, de palper ses membres et de flairer sa respiration, que ce repos-là était d'une nature différente et que, toute seule au milieu de la nuit, elle avait su retrouver son précieux équilibre originel.

Au plafond, la lumière rouge continue à clignoter et cette pulsation saccadée, cette brûlure intermittente contraste étrangement avec l'expression de paix qui se lit sur le visage d'Agna. Aucun désordre, aucune trace de combat. Pour elle, il ne s'agissait pas de se rendre mais de se donner. De sa vie oubliée, de son présent sans futur, il reste ce drap qui, loin de dissimuler son corps, en souligne au contraire les formes, ainsi que le marbre en longues coulées sinueuses donne aux gisants le relief de l'absence.

138

« Trop tard », dit Kadélia. Elle soupire doucement, et, comme si la jeune morte lui transmettait sa paix, elle répète « trop tard » avec soulagement. Elle regrette déjà d'avoir eu l'imprudence de prévenir les gardiens. Agna n'a-t-elle pas voulu mourir dans cette chambre de femmes, dans leur chaleur, dans leur nuit ? Pourquoi l'a-t-elle livrée aux hommes ? Les yeux de Kadélia s'arrondissent dans son petit visage giflé par la lumière rouge et elle cherche le regard immobile d'Agna comme s'il pouvait lui restituer sa propre image, passé, présent et avenir confondus et réconciliés.

Après un temps de surprise, les quatre gardiens encerclent le lit d'Agna. L'un d'eux s'empare de son bras gauche et les deux femmes qui tremblent de plus belle poussent un petit cri; il secoue l'autre bras, les jambes, la tête.

« Il ne manquait plus que ça, dit le plus âgé. Allez, aidez-moi. »

On l'emporte. La tête ballante et renversée, elle a ce regard fixe de ceux qui découvrent l'envers du monde. Plus aucun cerne autour de ses yeux, plus de rides, plus de tension; son visage est lisse.

Les deux femmes ont attendu le départ des gardiens pour crier, et, dans leurs pleurs, toute l'angoisse contenue depuis la veille a éclaté soudain. Avec des gestes précautionneux, Kadélia a refait le lit de la morte. Entre le matelas et le sommier, elle a découvert une petite fiole brune qu'elle a dissimulée aussitôt sous sa chemise de nuit.

A ce bruit de pas dans l'escalier, à ces cris venus de l'étage des femmes, à cette souffrance qui l'éveille en pleine nuit Joden comprend qu'Agna s'est de nouveau enfuie. Pourtant il lui faut attendre les premières heures du jour pour en avoir la confirmation. Quand au matin, il voit le visage défait de Kadélia, il reste muet et c'est elle qui murmure : « Oui, Joden; cette nuit. » Il n'a pas envie de gémir mais de mordre. Comme un forcené, il parcourt le village en tous sens à la recherche de Namir, et, toujours haletant de rage, il revient s'asseoir près de Kadélia au bord de la piscine.

« Regarde, lui dit-elle, j'ai trouvé ça sous son matelas. »

Elle lui montre le flacon vide.

« Donne-le-moi.

— Tout est fini pour Agna, laisse-la en paix. Et puis, qu'en ferais-tu ?

— Je veux le garder en souvenir.

— Je ne te crois pas. Tu me fais peur, Joden. Ecoute, depuis longtemps elle voulait mourir et personne n'aurait pu l'en empêcher. Avant d'arriver ici, elle avait déjà tenté de se pendre et c'est moi qui ai donné l'alerte. J'avoue d'ailleurs que je l'ai regretté. »

Agna ne craignait pas la mort, dit Kadélia; dès son enfance, elle avait vécu dans son intimité. Agna parlait d'un village qui avait abrité les premières années de sa vie et de son ami le fossoyeur que l'on appelait là-bas le grand jardinier.

C'était un colosse aux petites mains agiles qui retournait la terre et les cadavres avec cette délicatesse qu'ont seuls les amants quand ils caressent le ventre de la bien-aimée. L'éboulement d'une colline avait endommagé le cimetière, et, après la saison des pluies, il avait dû déplacer une à une les dépouilles. Agna qui avait alors environ six ans, assistait à tous ses travaux et lorsque le grand jardinier déterrait les corps pour les transporter un peu plus en aval, il lui racontait la vie de chaque mort avec une telle abondance de détails que la petite fille avait pris l'habitude de se promener parmi les tombes sans aucune répugnance. Elle était chez elle. Chaque pierre abritait un ami, et quand le fossoyeur disait : « J'aimais beaucoup Mme Aleran », Agna précisait : « Celle qui habite la troisième rue à

140

l'angle de la seconde travée. » Il souriait et ajoutait : « Rappelle-toi, quand nous l'avons sortie, elle était superbe jusqu'à la taille. Après, plus rien. » Elle était superbe, approuvait l'enfant.

Agna prétendait se souvenir d'un colonel pour lequel on avait fait retentir la sonnerie aux morts comme pour tous les combattants déterrés. Mais celui-là, il avait l'air de dormir, merveilleusement intact. Pourtant, deux heures plus tard, son corps dégageait une effroyable odeur. La chaux et le crésyl étaient difficilement venus à bout de la puanteur.

Seuls les convois funéraires empruntaient la porte des Morts qui menait du village au cimetière. Les jours de deuil, on ouvrait les deux battants; puis, on déposait le cercueil devant la porte que le cortège contournait par un autre chemin. Une fois de l'autre côté, on récupérait le cercueil. Aucun vivant ne devait franchir la porte consacrée. Mais, un matin où le grand jardinier n'avait pas encore refermé les battants de bois, Agna, impatiente de le rejoindre s'élança vers lui. Quand elle passa la porte, le colosse ne put réprimer un cri, puis il prit l'enfant dans ses bras et la berçant comme un poupon, il lui dit : « Surtout ne dis rien à personne. N'en parle pas et Dieu lui-même oubliera peut-être. » C'était une des rares choses qu'Agna disait n'avoir pas oubliée et Kadélia s'était demandé si son amie s'inventait des souvenirs conformes à ses préoccupations présentes ou si les confins morbides de sa mémoire étaient seuls restés intacts.

« Elle n'aimait pas parler du passé; en cela aussi, elle était différente de nous tous. Les confidences de sa part étaient d'autant plus précieuses qu'elles étaient rares.

— Donne-moi le flacon », supplie Joden d'un air accablé.

Kadélia hésite un instant, puis elle tend le bras, ses doigts se déplient un à un et le flacon apparaît dans sa main qui tremble un peu. Joden le saisit aussitôt, et, avant de l'enfouir dans la poche de son pantalon, il en caresse le goulot. Aucune trace, aucune odeur.

Sous leurs éternels chapeaux de paille, les confrères de Namir jettent aux détenus des regards indifférents. Ce matin, personne ne répond à leurs bonjours courtois et le silence qu'ils ont imposé paraît se retourner contre eux. Pourtant, dès qu'ils s'approchent de Kadélia et de Joden, celui-ci se lève soudain pour se porter à leur rencontre.

« Il faut que je vous parle. Il faut que je vous parle tout de suite.

— Il fait beau, n'est-ce pas ? » dit le plus jeune des deux en tournant vers le ciel des yeux las.

Kadélia a saisi le bras de Joden. Entre ses paupières gonflées filtre une lueur sauvage et la fatigue qui creuse ses orbites lui donne l'air d'un animal aux abois.

« Je t'en prie, Joden », dit-elle d'une voix rauque.

Elle darde vers ses deux ennemis sa petite tête triangulaire et son regard oscille de l'un à l'autre avant de se poser sur Joden qu'elle ne lâche plus. On dirait qu'elle veut le fasciner afin de le réduire au silence.

« Je sais tout de la mort d'Agna, continue Joden d'une voix haletante tandis qu'il secoue rageusement Kadélia pour se débarrasser de son étreinte.

— Calmez-vous, calmez-vous, susurre l'homme au regard las. Nous sommes ici pour vous écouter.

— Je veux parler, je veux parler, répète Joden sans se soucier de Kadélia dont la tête hirsute bat l'air de droite à gauche, de gauche à droite en murmurant d'une voix lancinante : « Non, non; tu ne peux pas. « Non, non; tu ne peux pas. »

Soudain, les deux hommes la regardent avec intérêt. Cette détermination sur son visage, cette violence dans ses gestes... Joden aurait-il des révélations importantes à faire? Le désarroi de la femme semblerait le prouver.

D'un air résolu, celui qui n'a pas encore parlé pose sa main sur l'épaule de Joden et dit avec un sourire engageant : « Bien sûr que nous allons vous entendre. Tout ce qui se passe ici doit être transparent comme les eaux de la piscine. Nous sommes à votre disposition, monsieur. »

Aussitôt, il se tourne vers les deux gardiens qui les accompagnent. « Vous et vous » dit-il d'un ton sec sans se départir pour autant de son sourire amène. Saisissant Kadélia chacun par un bras, les gardiens la forcent à lâcher Joden. Puis, le docteur ajoute avec une courtoisie appuyée : « Je vous remercie, monsieur, pour ce que vous allez nous confier. Je vous prie de croire que vous ne le regretterez pas et que nous saurons en tenir compte. A tout à l'heure, monsieur. »

D'un pas rapide, ils se sont éloignés et les deux gardiens ont dit à Joden de les suivre. Quand il s'est retourné vers Kadélia, il lui a semblé que, sur son visage, la détresse avait fait place à une brusque dureté. Elle a crié : « Si tu ne me sauves pas, je leur dirai que tu mens. Souviens-toi de moi, Joden. Ne me laisse pas ici. »

Suffisait-il donc d'être appelé monsieur, pour que l'on vous croie investi d'un pouvoir immédiat?

« Joden, Joden, entendit-il encore. Sauve-moi. » La voix de Kadélia s'enrouait ou peut-être la distance la rendait-elle grave comme le reproche.

Joden et les deux gardiens se dirigent vers le château; puis, ils s'arrêtent devant cette porte centrale que les détenus ont toujours cru condamnée. Pas un seul d'entre eux ne l'a franchie et les pièces du rez-de-chaussée sont restées interdites. Peut-être attend-on pour les ouvrir que l'île soit submergée par un nouveau flot de prisonniers. Alors, quand la loi du Maître videra la ville pour emplir les prisons, les volets claqueront en signe d'accueil.

L'un des gardiens appuie plusieurs fois sur la sonnette comme s'il s'agissait pour lui de se faire reconnaître par le rythme de ses coups et par leur nombre. Aussitôt, la porte s'ouvre de l'intérieur; un troisième gardien, vieux et sec comme du bois mort, leur fait signe d'entrer et prend soin de refermer les deux battants derrière eux. Le vieux a une grosse tache noire au milieu du front, on dirait qu'une tarentule est enchâssée dans sa peau, et lorsqu'il trottine sur ses jambes arquées les clefs pendues à sa ceinture font un bruit d'arrière-cuisine.

Ils suivent un long couloir qui ressemble à ceux des étages supérieurs avec ses murs roses striés de ce brun roussi qui fait penser à des traînées de sang. L'air empeste le moisi, et, dans ce remugle, les murailles mêmes paraissent spongieuses. L'homme à la tarentule se retourne vers les deux autres gardiens pour leur dire d'attendre. Plus aucun bruit discordant, le vieillard joue à présent de ses clefs comme un chef des divers instruments de son orchestre; il maîtrise une à une les serrures d'une seconde porte derrière laquelle il disparaît.

Au bout de quelques minutes, le petit vieux les rejoint, et, fixant Joden de son regard malicieux, c'est votre tour, dit-il. Joden fait deux ou trois pas, tandis que les autres restent immobiles, et, comme il marque un temps d'hésitation, avancez, avancez, vous êtes attendu, précise le vieillard un peu agacé en ponctuant chaque mot d'un hochement de tête.

Joden entre dans un petit salon dont les murs sont tapissés d'un velours vert un peu fané comme si le soleil en avait épuisé la teinte; pourtant la pièce est entièrement étanche, aucune fenêtre, et la porte, capitonnée du même velours vert, s'est refermée sur lui dès son arrivée. Tout le mur qui fait face à la porte est occupé par un grand miroir dans lequel se reflète le salon avec ses trois fauteuils verts, son guéridon en marqueterie et son bouquet de roses thé.

La pièce éclairée a giorno donne une impression de confort, de chaleur et d'intimité. Il y a cette odeur de citronnelle qui rappelle à Joden le parfum des femmes après une journée ensoleillée. Il y a cette musique naïve comme une comptine et il revoit l'enfant qui jouait avec son frère Mérak et ses amis aux noms oubliés. Il y a le silence des tapis et la douceur des capitons verts qu'il caresse du dos de la main.

Comment, dans le désert de l'île, parmi ces maisons aux murs anonymes, ce salon a-t-il surgi ? D'où vient ce sentiment de déjà vu ? Etait-ce chez sa mère ou chez une femme dont il ne se souvient plus et qu'il a peut-être aimée le temps d'une nuit que Joden a posé sa tête sur l'accotoir d'un petit fauteuil pareil à celui-là ?

Dans le silence, la comptine égrène inlassablement ses notes et l'attente devient insupportable. Joden redoute son image reflétée par le miroir ; comme si un effet de perspective modifiait sa taille par rapport à celle des objets, il a l'air d'un géant dans une vitrine de jouets. Ses gestes paraissent encore plus maladroits, sa carcasse plus encombrante, dans cette pièce minuscule où chaque meuble est élégant, où chaque objet a une histoire, où les sièges aux pieds contournés, les portraits en miniature accrochés aux murs, la marqueterie du guéridon témoignent d'une époque qu'il a oubliée.

A peine se penche-t-il vers les roses thé pour respirer leur parfum, qu'il découvre qu'elles sont fausses. Alors, fou de rage, il saisit le bouquet et le jette contre le miroir, puis il se laisse tomber dans un fauteuil avec un soupir qui ressemble à un râle. Est-ce pour Agna que cette chambre mortuaire a été préparée ? La violence de son chagrin fait battre ses artères et son image grimace dans le miroir.

« Calmez-vous », dit soudain une voix un peu traînante.

Joden bondit de son fauteuil et se retourne pour faire face à son interlocuteur. Personne. La porte est toujours verrouillée.

« Vous pouvez rester assis et vous mettre à l'aise, ajoute la voix. Sur le guéridon, il y a une carafe pleine et un verre, ils sont à votre disposition. Nous sommes là pour vous écouter; prenez votre temps. »

Joden obéit machinalement et avale d'un trait un verre de cet alcool aux reflets d'ambre dont la brûlure lui arrache un cri de douleur.

« Qui parle? interroge-t-il.

— C'est nous qui posons les questions, monsieur. »

La voix, toujours la même, marque un temps d'arrêt, puis elle reprend avec bienveillance : « Ce que vous allez nous dire peut modifier votre destin. Nous voulons la vérité, rien que la vérité. Souvenez-vous-en, monsieur.

— Pourquoi vous cacher? Je veux vous montrer quelque chose, une preuve.

— Mais nous vous entendons et nous vous voyons fort bien. Soyez rassuré. »

Joden se verse un second verre qu'il ingurgite aussitôt et il s'ébroue tout étourdi par le flux du sang et de l'alcool qui lui monte à la tête.

« Que savez-vous de la mort d'Agna? »

Joden, saisissant à pleines mains les accoudoirs du fauteuil, regarde fixement son propre reflet. La voix qui semble venir du miroir ajoute encore d'un ton à la fois autoritaire et presque doux comme si elle s'adressait à un enfant : « Réfléchissez avant de parler, je vous répète que rien ne presse. »

Se venger. Se venger de Namir. Pourquoi attendre? L'impatience lui arrache des mots de haine. Un fiel aux couleurs d'ambre, un fiel amer et brûlant comme l'alcool sourd de sa gorge et lui emplit la bouche. Il dira tout et tant pis si c'est un piège qu'on lui tend, il veut bien s'y prendre les pattes et gémir jusqu'à en perdre le souffle et la vie et l'espoir. Qu'importe le visage de celui qui l'écoute embusqué derrière ce miroir sans tain, qu'importe qu'il soit seul ou que tout un bataillon de juges et de médecins s'apprête à décider de son sort. Les mots viennent de son ventre et ils éclatent contre la paroi glacée comme des bulles de gaz à la surface des marigots. Les mots viennent de ces profondeurs musquées où les racines cheminent entre les schistes d'argent mouillé et les bourbes sulfureuses. Les mots viennent de cette pourriture de mort dont se nourrit le lotus bleu et la racine de mandragore.

Quand ? Où ? Avez-vous des preuves ? interroge la voix et il entend des chuchotements, un bruit de conciliabule ; ils sont plusieurs à présent et ils soufflent les questions à celui qui parle.

Joden sort de sa poche la petite fiole brune, et, la saisissant entre le pouce et l'index, il la tend dans la direction du miroir, et c'est à son propre reflet qu'il semble la montrer. Voilà, voilà, dit-il, elle est vide et bien propre. Ne savez-vous pas, messieurs, que la mort est la propreté même ? Elle décape jusqu'au squelette ; plus de trace, plus de chair, rien que cette poupée au nez camard, aux orbites trouées et aux jambes voluptueusement écartées. Propre, mais salope, la mort !

« Qui vous a donné ce flacon. »

Kadélia, la femme aux cheveux blonds, verts, hirsutes. Elle était sa voisine de lit. Entre le matelas et le sommier, elle l'a trouvé.

« Posez-le sur le guéridon. »

Joden s'exécute, mais il l'emplit d'alcool, et, avant que l'autre ait dit : « Vous êtes fou. Vous détruisez votre preuve », il en avale le contenu. « Le risque n'est pas grand, messieurs, Agna ne m'a rien laissé, pas une seule goutte de poison pour m'enivrer à mon tour. Agna n'a jamais pensé qu'à elle et maintenant... »

Pour un peu, il la détesterait. Fuir, fuir; elle ne connaissait que cela. J'ai peur, Joden, j'ai peur des autres, disait-elle. Ne crois pas que c'est par indifférence que je fuis. J'ai peur de ne pas être aimée et cette peur-là, on la garde toute sa vie. C'est par excès d'amour qu'on devient ermite. Sais-tu que ceux qui vont se terrer dans les cloîtres sont les plus aimants et les plus vulnérables ? Sais-tu que les femmes vieillissantes évitent la lumière du jour et le regard de ceux qui les ont aimées ? Il faut tant de force pour marcher parmi les autres.

« Continuez, dit la voix et donnez-nous le plus de précisions possible. Quand Namir vous a-t-il parlé de ses rencontres avec Agna et du poison qu'elle lui demandait ?

— Messieurs, répond Joden, nous n'avons pas de calendrier, ni de montre, vous ne l'ignorez pas.

— Vous vous débrouillez très bien sans, nous ne l'ignorons pas non plus », réplique l'autre.

Joden parle; il dit tout, tout ce qu'il sait, tout ce qu'il a vécu : Namir et ses confidences, Namir et le message glissé à la barbe des gardiens, Namir et ses rencontres avec Agna dans la maison aux murs chaulés. Chaque mot ravive sa souffrance, mais curieusement, toutes ces douleurs qui le taraudent une à une au fur et à mesure de son aveu, peu à peu s'additionnent et lui font éprouver une sorte de soulagement. On dirait qu'à son passé lointain, obscurci, et comme éclaté, se substitue une mémoire plus neuve, une histoire plus récente, qui, par son caractère tragique même, restitue à son être une sorte de cohérence. Ne ressemble-t-il pas à ces plantes coupées au ras du sol dont une des branches parvient à s'enfoncer dans la terre, à former des racines et à pousser des tiges par le pied ? Ne s'inventent-elles pas un autre feuillage parce qu'elles ignorent l'histoire du rameau qui leur servit de bouture ?

— Et de votre passé, que vous a-t-il dit ? » interroge

148

la voix qui a perdu ses longues inflexions traînantes et qui, maintenant, précipite au contraire son débit. Il faut faire vite, semble-t-il, et profiter de ce que la proie ne cherche plus à se débattre; fascinée par son propre reflet, elle offre à ses chasseurs invisibles le spectacle bien excitant de ses mille plaies béantes.

« Lui avez-vous posé des questions ? ajoute encore la voix, ou bien vous a-t-il livré nos secrets sans que vous ayez eu besoin de lui en faire la demande ? »

Joden ne voit plus dans le miroir les trois fauteuils verts aux pieds contournés, ni le guéridon, ni les velours, il est seul face à son image et la voix qui le harcèle de questions semble sortir de sa propre bouche. Il répond avec une précision de maniaque comme s'il cherchait à prouver par la profusion des détails l'intégrité de son cerveau, et, à travers chaque accusation portée contre Namir, son être se rassemble et ne fait plus qu'un avec son reflet.

« Et votre arrestation ? Vous en a-t-il parlé ? »

C'était un 26 février, répond aussitôt Joden. Oui, un 26 février au matin. Il sourit presque. Cette date à elle seule ne condamne-t-elle pas Namir ? C'était un 26 février, et, à l'aube, la nuit laissait poindre à l'horizon une lueur rose qui, en quelques minutes, allait embraser tout le ciel. La lettre imprimée en secret mais qui portait la signature de Joden avait été distribuée, elle dénonçait les pratiques du Maître. Il n'y avait plus qu'à attendre et Joden avait regagné son laboratoire comme si de rien n'était. Quelques heures plus tard, il était arrêté.

— Voilà, messieurs, est-ce exact ? Que dites-vous du 26 février ? Et comme la voix ne répond pas, il ajoute : « J'ai eu tort; je sais bien que j'ai eu tort avec ma petite lettre. Toujours cette mauvaise envie de me singulariser ! Je rêvais d'être différent des autres.

— Et maintenant ? interroge une autre voix, plus jeune, plus forte.

— Maintenant, je rêve d'un jardin, du cri des enfants et d'une ville où tous les hommes se ressembleraient et où je ressemblerais à tous les hommes. »

Alors, derrière le miroir, les voix se multiplient, les questions se chevauchent. On veut tout savoir, parlez, parlez, un mot, encore un mot. Joden s'épuise, oui, non, je vous le jure, sur ma vie future, sur la mort d'Agna. Il lape l'alcool à petits coups de langue brûlants. Que savez-vous de la ville ? de votre enfance ? du parc ? de votre famille ? du Maître ? de nous ? de vous ?

Doucement, doucement, messieurs, ne bousculez pas le pauvre Joden. Je dirai tout ce que vous voulez savoir. Ne suis-je pas devenu l'homme que vous me reprochiez de ne pas être ? votre homme ? Croyez-moi, je n'ai rien contre vous. La nourriture était bonne et vos soins vigilants. A Namir seul, je réserve ma haine.

« Il aura le loisir de regretter sa trahison, dit une des voix.

— Bravo, il mérite votre colère », approuve Joden.

Le silence est retombé sur le petit salon aux velours verts, un silence à peine troublé par quelques chuchotements. Joden se redresse sur son siège et sa respiration s'apaise comme celle d'un malade qui vient de vomir. Le soulagement gagne de proche en proche et le calme de sa tête et de ses organes paralyse ses membres. Il n'est plus temps de souffrir. Très lentement, son corps coule dans les eaux tièdes.

« Merci, monsieur, conclut enfin la première voix aux inflexions traînantes. Nous vous souhaitons un excellent voyage. »

Tout se tait derrière le miroir et la comptine égrène de nouveau ses vieilles notes. L'homme à la tarentule déverrouille la porte.

« Si vous voulez bien vous donner la peine, monsieur. »

Dans le corridor, les deux gardiens sourient : « Nous

partons tout de suite, la mer est calme. Demain soir, nous serons au pays. Demain soir! Vous vous rendez compte? Si vous saviez : nous sommes presque aussi contents que vous. Il y a six mois que nous n'avons pas mis les pieds chez nous. Demain soir! Au fait, avez-vous quelque chose à emporter?

— Rien, répond Joden.

— Et votre chat?

— Je vous répète que je n'ai rien à emporter. Absolument rien. »

Puis, avant de franchir la grande porte du château, il ajoute d'un ton indifférent : « Mérak? Il pourra toujours tenir compagnie à Kadélia.

— Comme vous voulez », dit l'homme à la tarentule en plissant ses petits yeux ironiques.

IV

LA CHAMBRE DE L'INTERIEUR

IL s'éveille et c'est comme s'il achevait un très long voyage. Il lui semble avoir parcouru des espaces mornes où jamais personne ne lui faisait signe. Il ne revient pas d'une de ces aventures que l'on entreprend le bâton à la main et le perroquet sur l'épaule. Non, il sent dans son corps que la route fut grise et sans jalons.

Il s'appelle Namir et il a l'âge de tout le monde, cet entre trente et quarante ans où l'on navigue à l'estime au milieu du fleuve, la première rive évanouie et la berge d'en face pas encore en vue. Il est nu et son corps démesuré occupe la diagonale du lit. De temps à autre, il porte la main à sa tempe et il se plaint doucement. Puis sa main retombe le long de son corps, ses poumons se vident. Il repose immobile, tout entier livré à la triple illusion de la vie, de la mort et du temps.

Quand enfin ses paupières s'ouvrent, Namir sursaute. Il se dresse sur son lit et ses lèvres se crispent pour retenir un cri, un appel. Il est seul.

Son regard glisse sur les murs, sur les objets, et ne s'arrête nulle part, ni sur la chaise ni sur la table, ni sur le crépi du mur. Aucune forme, aucune couleur ne le retient. Alors Namir se découvre nu et s'en effraie bien plus que de l'étrangeté des lieux.

155

TABLE

I.   La chambre de l'intérieur   7
II. Le village   25
III. L'île   87
IV. La chambre de l'intérieur   153

ŒUVRES DE NICOLE AVRIL

Aux Éditions Albin Michel :

LES GENS DE MISAR, *roman.* Prix des Quatre-Jurys.
LES REMPARTS D'ADRIEN, *roman.*
MONSIEUR DE LYON, *roman.*

Dans Le Livre de Poche

Cahiers de l'Herne

Julien Gracq
4069

Par Jünger, Buzzati, Béalu, Juin, Mandiargues, etc. Et un texte de Gracq sur le surréalisme.

Samuel Beckett
4934

Mystères d'un homme et fulgurance d'une œuvre. Des textes de Cioran, Kristéva, Cixous, Bishop, etc.

Louis-Ferdinand Céline
4081

Céline le diable, une œuvre aux relents sulfureux : le polémiste, l'écrivain, le casseur de langue, l'inventeur de syntaxe, le politique, l'exilé.

Mircea Eliade
4033

Appréhender l'homme à travers ses manifestations les plus singulières. Définir des réalités aussi impénétrables que la conscience ou l'imaginaire. Telles sont les voies sur lesquelles s'est engagé Mircea Eliade.

Martin Heidegger
4048

L'œuvre philosophique la plus considérable de ce siècle. La métaphysique, la pensée de l'Être, la technique, la théologie, l'engagement politique. Des intervenants prestigieux, des commentaires judicieux.

René Char
4092

Tout Char donné à lire et à comprendre. Des textes de Georges Bataille, Jean Beaufret, Martin Heidegger, Gaëtan Picon, Paul Eluard, Octavio Paz, Pierre Reverdy...

« Composition réalisée en ordinateur par IOTA »

IMPRIMÉ EN FRANCE PAR BRODARD ET TAUPIN
Usine de La Flèche (Sarthe).
LIBRAIRIE GÉNÉRALE FRANÇAISE - 6, rue Pierre-Sarrazin - 75006 Paris.

ISBN : 2 - 253 - 04892 - 5   ⟨⟩ 30/6591/9